JN182640

伊藤仁斎「童子問」に学ぶ

人間修養に近道なし

Learn from Ito Jinsai's Dojimon

Shoichi Watanabe

渡部昇一

致知出版社

伊藤仁斎「童子問」に学ぶ【目次】

第一部　『童子問』を読む

【Ⅰ】孔子孟子の世界に立ちもどった伊藤仁斎

【Ⅱ】伊藤仁斎、畢生の大作『童子問』を読む

【Ⅲ】名言で整理する『童子問』のポイント

第二部　伊藤仁斎の人生と学問

【I】日本人の儒学を確立した伊藤仁斎

【II】伊藤仁斎小伝——本物の知識人にして五男三女の父

【Ⅲ】逸話に見る大人・伊藤仁斎の素顔

装幀——川上成夫
編集協力——柏木孝之

第一部　『童子問』を読む

【Ⅰ】孔子孟子の世界に立ちもどった伊藤仁斎

◉朱子学から古義学へ転換した伊藤仁斎

本書で取り上げる伊藤仁斎（一六二七〜一七〇五）は、江戸時代の前期に活躍した儒学者です。儒学というのは簡単にいうと孔子の学問ということですが、この「学問」とは、今ならば「人間学」という言葉でいいかえることができるでしょう。つまり、人間としていかにして生きるかを究明しようとすること、それが昔の学問の定義だったのです。その点で昔の学問はシンプルであり、また奥深いものでありました。

この「人間学」を学問として確立したのが儒学です。そして、その中心的存在となったのが孔子であり、その思想をまとめたものが、みなさんご存じの『論語』です。『論語』は孔子の死後、その孫弟子たちが孔子の教えを受けた直弟子たちから話を聞いて、その真偽を議論したうえで「これは確かに孔子先生がいわれたものだろう」という言葉を選んで一冊の本にしたものです。それだけに、『論語』の中には孔子の教えのエッセンスがぎっしり詰まっていて、何度読んでも読み飽きるということがありません。それが二千五百年以上も『論語』が語り継がれ、読み継がれてきた理由であるともいえるでしょう。

『論語』を読んだことがある人ならばご承知のことですが、その文章は非常にわかりやすいものです。理屈で説明するような文章ではありません。しかし、わかりやすいとはいっても決して浅くはありません。そのため、後年、孔子の真意はどこにあるのかと、さまざまな研究・解釈がされるようになりました。それが最も顕著な形で現れたのが、宋の時代に周敦頤、程顥・程頤兄弟、朱熹（朱子）らによって確立された新しい儒学です。これを宋学と呼んだり、朱子学と呼んだりしますが、この宋代の儒学は仏教や道教（老荘の学）などの影響も受け、それ以前の儒学に比べて格段に難解なものになっていきました。

朱子学は徳川幕府の官学となりましたから、伊藤仁斎も当初、朱子学からスタートしていきます。仁斎は朱子の著作をすべて熟読し、朱子学を完全にわがものとしました。しかし、そこでわかったことは、朱子学が孔子の学問からかけ離れてしまっているという事実でした。詳しいことは本書後半の「伊藤仁斎の人生と学問」でふれていきますが、結果として仁斎は朱子学から離れ、孔子本来の学を追究しようとする古義学を打ち立てることになりました。

◉儒教・朱子学・孔孟の学についての質問・疑問に答えた『童子問』

これから読んでいく『童子問』は、儒教・朱子学・孔孟の学について寄せられた質問や疑問に伊藤仁斎が問答形式で答えていったもので、仁斎の死後、息子の東涯の手によって上・中・下の三巻の本として世に出されました。この『童子問』については、『日本人の論語「童子問」を読む』（PHP新書）という谷沢永一先生の労作があります。元来『童子問』は漢文で書かれた本ですが、これを清水茂という学者が訳して書き下し文にしたものが『日本古典文学大系97 近世思想家文集』（岩波書店）に収められています。谷沢先生はこの清水先生の書き下し文をもとにして、意訳を交えながら読みやすい日本語にし、さらにまだ訳し足りないところには副註まで付け加えて、非常にわかりやすい『童子問』を完成させました。

仁斎にはじまる古義学派の文献はいろいろ残っていますが、それらは今、奈良県天理市にある天理図書館に所蔵されています。余談ですが、その天理図書館で古義学に関する蔵書を整理なさったのは中村幸彦という先生です。谷沢先生によると、中村先生は昭和十八年の十一月に結婚されて迎えた翌年の正月に、お母さんから「商家や農家で、それぞれの道具を祀る例に倣って、書物を祀っては如何」と提案されたのを面白いと思い、何を祀ろうかと考えて、普通であれば『古事記』や『万葉集』のような古い書物を祀るところを『童子問』を祀って、灯明や屠蘇を供えたそうです。以来毎年、中村家の正月には朱筆の入った『童子問』が祭壇に祀られるようになったということです。この中村幸彦先生は谷沢先生が非常に尊敬した学者ですが、『童子問』はその方が正月に飾ってお祝いするほど重要な本だったというわけです。

◉難しい言説をありがたがる風潮を憂える

『童子問』「巻の上」の冒頭には仁斎の序言がついています。これを読むと、古義堂を開いたところ、日本全国から学問に志す人がやって来て、道とは何かとしきりに問うてきたというのです。そこで仁斎は孔子に倣って「両端を叩いて竭くす」(『論語』子罕篇)、すなわち質問者の疑問をあらいざらい出し尽くさせてから答えられるだけのことすべてを説明するようにしたといっています。ところが、質問をしてきた人のほとんどはすでに世に定着している見方にとらわれているか、自らの固定観念に縛られていて、孔孟（孔子と孟子）の伝統的な正しい解釈を知ることがなくなっているような様子でした。

さらに、多くの人は高尚な説でなければ満足しないし、奇をてらった説でなければ面白くなさそうな顔をする、当たり前のことを遠ざけて新説をありがたがって、自分の日常にある具体的な問題を無視して、日常から遠く離れた抽象論を選び取ろうとする、というのです。

『孟子』に「道は邇(ちか)きに在りてこれを遠きに求む」（離婁(りろう)上篇）という言葉がありますが、学問を志す者のほとんどはこの意味を理解しようとせず、逆のことをしていると仁斎はいいます。仁斎はこうした当時の風潮を揶揄し、憂えているわけですが、旧説を顧みることなく新説に飛びつきたがるという現象は現代においてもしばしばみられます。

そうした風潮に抗うために、仁斎は自らが開いた塾・古義堂においてさまざまな質問がされるのに対し、「人に誇れるほどではないが」と謙遜しながらも、自分の知っていることすべてを丁寧に伝えていき、孔孟の論説を正しく明らかにしようとしたのです。それが『童子問』としてまとまっていったのです。

この『童子問』は、一人の童子が質問をし、それに仁斎が答えるという体裁をとっています。現代でいえばＱ＆Ａのような形式で、質問と回答が次々に繰り返されていきます。それによって童子が少しずつ成長していく様子も見えてきます。

『童子問』というタイトルは、宋代に欧陽脩が『易経』を解説した『易童子問』や、輔漢卿が『詩経』を説いた『詩童子問』という本とあえて重なる名前をつけたと仁斎はいっています。どうしてそうしたのかといえば、「世の有名な大家に読んでいただくようなものではない」ことが一目でわかるようにするためだと。これは謙遜でしょうが、童子が読んでもわかるような簡単な内容だという意味を持たせて、難解なものをありがたがる人たちへ皮肉をいっているとも考えられます。

本稿では、清水先生の書き下し文、谷沢先生の解釈なども参考にし、『童子問』の「巻の上」を中心に、仁斎の考えがよく伝わってくる章を選んで、童子の問い、仁斎の回答、そして私の解説という形で読み進めていきます。『童子問』原文の仁斎の回答はかなり長いものですが、ここでは要点を絞って簡潔にまとめてみました。

【Ⅱ】伊藤仁斎、畢生の大作『童子問』を読む

□人間学の要諦は『論語』と『孟子』にすべて示されている

（巻の上・第一章）

《質問》

「先生は孔孟の思想の正しく解釈された学説を明らかにされて、学に志す者を教導しておられます。ところが私は門に入ってまだ日が浅く、生まれつき頭の回転が遅いこともあり、またすでに耳にしてきた言葉が固定観念となって、先生から孔孟の解釈を明示されてもかえって驚き、本当なのかと疑ってしまいます。どうかその点をはっきり教えてください」

《回答》

「孔孟の正しい解釈は『論語』『孟子』の二書にそのすべてが明確に記されている。それは赤や青のように色鮮やかなもので、この世の中の道理がすべて含まれ

ていて、諸子百家の言説を余すことなく一か所に集めている。

もし君が私の意図するところを知りたいと思うのなら、『論語』『孟子』だけを読みなさい。これを熟読玩味して何か得るものがあったとすれば、たとえ遠く離れ離れになったとしても、一堂に集まって一日中議論をするようなもので、お互いの心と心をぴったりと合わせたように一致するものだ。だから、怠ることなく勉学に励みなさい。

ただ、孔子・孟子の学問があまりに身近なものであるため、そこに深い意味が込められていること気づかないのではないかという心配もしているのだよ」

＊

仁斎は、人間学の要諦は『論語』『孟子』の二書にすべて書き尽くされているといっています。春秋戦国の時代に諸子百家と呼ばれる多くの思想家が出ましたが、『論語』『孟子』の二書の他に何か求めようとすると脇道に外れてしまう、と。ただし、あまりにすらすらと読めてしまうから、表面的な意味だけをとってわかったようなつもりになってしまうのではないか、という心配もしています。実際はとても深いものがあるのだよ、と。それに気づかないのではないかと危惧しているのです。

この第一章は『童子問』全三巻百八十九章（上巻五十九章、中巻七十七章、下巻五十三章）のベースとなる仁斎の見方について述べています。それはすなわち『論語』『孟子』の二書をしっかり学ぶことが重要なのだということです。四書の他の二書、『大学』『中庸』は問題にならないし、いわんや五経などは全く無視しているのです。この仁斎の自信は大変なものだと思います。

□学問に近道はなく、時間をかけた基礎づくりが欠かせない

（巻の上・第二章）

《質問》

「『論語』『孟子』の二書は日常に役立つ大切な書物で、きわめて行き届いています。ただ、この二書の他に、もっと手短に真理の極致に至る方法はないものかと思うのです。こういう考えはいけないものでしょうか？」

《回答》

「そういう考え方は間違っている。学問というものはそれを修めるのに最も正しい方法で行わなくてはいけない。成果を得ようと思えば、じっくり時間をかけなくてはいけない。風変わりなやり方をしてみたり、近道を求めようとしてはいけない。水が満ちてくれば自然と船は浮かぶものだし、花が散ればそのあとには実

がなる。必要な条件が満たされれば自然と目的はかなうものだ。確かに、正しい道を進んでいまだ目的を達成できない人もいるだろう。しかし、正しくない道を進んで目的を達成した者はいまだかつて知らない。

苗が生長して実がなるまでには、おのずと時間が必要なのだ。学問も同じで、早くわかるようになりたいと焦らなくても、少しずつ進んでいるうちに自然とわかるようになるものだ。『論語』にしても『孟子』にしても初学者は注釈なしでは本文を理解することはできないだろう。しかし注釈書の内容が理解できたら、今度はそれらを頼らずに、本文をじっくりと味わうように読み、考えをめぐらせて、ゆったりとした気分で自分のものにしなさい。そうすればぐっすり眠っているところから急に目覚めるように、はっきり理解できるようになるはずだよ。

今、君が論孟の二書だけで本当にいいのかと疑いの気持ちを持つのは、四書集注（しっちゅう）だの四書大全だのといった注釈書の解釈にこだわっているからだ。この世の道理は『論語』『孟子』の二書に網羅されているのだから、それ以上加えるものはない。だから疑ってはいけないよ」

＊

普通も学問であってもそれが成就するためには時間が必要です。とりわけ人間学を学ぶとなると、日常の生活の中で一歩一歩前に進んでいくしかないのです。

ただし、正しい道を進んだとしても目的を果たせないこともあるのだ、と仁斎はいっています。方法が正しくて努力もしたけれど、タイミングが悪かったり、能力が不足していたり、いろいろな理由でそれでもうまくいかないことは確かにあるでしょう。それが現実の厳しさでもあります。そういうときは残念ですが、「仕方ない」と諦めて方向転換するしかないのです。

しかし、間違ったやり方、ずるいやり方を使って成功した人はいまだかつていない、だから、その時の来るのを待って、ジタバタすることなく、ひたすら孔孟を読んで、よく考えなさい、あくまでも正攻法で行きなさい、と実に懇切丁寧なアドバイスをしています。

この勉強方法はキリスト教でもよくいわれます。神学を勉強しなくても『新約聖書』だけ読めばいいではないか、『旧約聖書』などは不必要だという人がいますが、本当に『新約聖書』を理解するためには神学の勉強も必要だし、『旧約聖書』も読まなくてはならないのです。そうした基礎の上に『新約聖書』を読み込むことによって、わかってくることがあるのです。仁斎のいうとおり、時間をかけなくてはわからないということがあるのです。

仁斎がなぜ朱子学から離れたかというと、すでに述べたように、朱子学のような複雑で難しい解釈は不必要だと確信したからです。しかし、そう確信する前には朱子の膨大な著作を熟読し玩味する時間が必要だったのです。こうしたプロセスを経ずしてうわべだけの学問をしたところで、本当に身につくものは何もないということなのです。

□『論語』は栄養があって飽きない五穀のようなもの

（巻の上・第三章）

《質問》

「論孟を学べばいかなる利益がありますか？」

《回答》

「君は五穀というものを知っているか。この世で一番おいしいものは何かと議論をすれば、有名な八珍のご馳走（八種類の特別料理）や醍醐の上味（じょうみ）（インドの牛乳を使った飲み物）などがあるが、最終的にそれは五穀であるという結論になる。

五穀は毎日食べても飽きがこないし、五穀に頼らなければ健康は保てない。それにいかもの食いは必ず奇病にかかると明の謝肇淛（しゃちょうせい）の『五雑組（ござつそ）』にも書いてあるぞ。

学問も食べ物と同じだ。人の道を学ぶというのは極めてオーソドックスなもので、決して飽きがこないものでなくてはならないし、おかしな方向に進むようなものであってはならない。その点、『論語』というのはまさに五穀のような、人間にとって最上のものなのだよ」

＊

童子の質問に仁斎は食べ物を例にあげて答えています。毎日食べても飽きないもので栄養になるものが大切なのだ、と。学問でいえば、それが『論語』や『孟子』なのである、と。

確かに、いかもの食い、下手物食いというのは、そのときの物珍しさはあるでしょうが、続けられるものではありません。実際に私の友人が二人、下手物食いで死んでいます。精力がつくというので香港でパンを食べさせて育てる虫を生のまま食べて、その結果、同じ病気になって亡くなりました。そのとき私も同席していたのですが、勧められても食べませんでした。私は元来、肉も魚も食べることができないほどの偏食でしたから、いわんや虫など食べられるはずがなかったのです。しかし、それによって命拾いをしました。

そのように考えると、いつも飽きないで食べられるものが健康には大切なのであって、それが五穀であるというのはまさに仁斎の指摘するとおりでしょう。そして『論語』というものが五穀と同じように、いつページを開いても飽きることがなく、そこに人間を健全に育てる栄養素が詰まっているというのも、そのとおりです。ですから、『論語』を五穀にたとえた仁斎の見立ては、まことに的を射たものであったといえるでしょう。

ただし、最近は米や麦のアレルギーで死んでしまう子供もいます。『論語』がそのようにして人間に受け入れられない時代がやってくるとしたら、それこそ人類衰亡の兆しのような感じがします。

回正当な説はわかりやすく、邪説はわかりにくい

（巻の上・第四章）

《質問》

「宋や明の儒者たち、あるいは禅宗や荘子の著書を読むと、議論のレベルが高尚遠大で、とても一度では理解できません。そのために、これは最高の言葉であり、すぐれた真理を語っているように思ってしまいます。『論語』は表現も平淡で、つまらなく感じてしまうのですが、いかがでしょうか？」

《回答》

「難解で奇をてらった、すぐには理解し難いようなものは、かえってわかりやすいものだ。しかし、『論語』は表面的には簡単そうに見えるからわかったような気になるが、その奥に隠れている真理を把握するのは簡単なことではない。至言

というものはつかみどころがなく見えるものだ。一方、邪説が人の心を動かしやすいというのもつかみどころがないからで、わかったようでいて本当のところはわからない。そのために、知らず知らず落とし穴にはまってしまうのだ。温厚平和で従容正大（しょうようせいだい）（ゆったりとして堂々としているさま）でなければ、『論語』の奥深く妙なる味わいに通じることはできないだろう。

昔、漢の時代に五経の講座を置いて、専門家をその教授に任命したとき、『論語』はその講座に加えられなかった。それは『論語』が平易な用語で書かれているけれど、その意味するところが深長なものだから、漢代の人々であっても、『論語』に人が世に生きる道理が十分に説かれ広く行き渡っていて、六経（五経に『楽経』を加えたもの）よりも上のものであることがわからなかったのである。程頤は『論語』『孟子』を十分に理解できれば六経は特に研究しなくとも理解できるといっている。これは実に古今の名言である。

大抵、言葉づかいが素直で筋が通っていて、理解しやすく記憶しやすいものは必ず正当な説である。逆に、言葉づかいが難解で筋道がはっきりせず、理解しにくく記憶しにくいものは必ず邪説である。だから、前者のような書物を求めれば

「まず絶対に間違いはないだろう」

＊

これは仁斎が心配したとおりの質問です。『論語』を読む人の大半がこの落とし穴に陥ってしまうのです。素直でない人、新しいものばかり追いかけている人には決して『論語』の妙味はわからないと仁斎はいうのです。

そして、『論語』の奥深さについて仁斎は語ります。北宋の程頤というのは朱子の先生にあたる人です。この程頤の「『論語』『孟子』を十分に理解できれば六経は特に研究しなくとも理解できる」という言葉はまさに正しいものであったと仁斎は讃えているのです。

仁斎のいう「正当な説はわかりやすく、邪説はわかりにくい」というのは本当です。戦後の英語学会で私の専門の英文法学についていろいろな学説が出てきました。英語の勉強というのは、普通ならば英文法の基礎を学んで、それが終われば英文をひたすら読めばよかったのですが、今では英文法はそっちのけで、言語学を学ぶということになっている人が少なくありません。それも構造言語学といったものが現れてブームになり、構造言語学では不十分だというので次に生成変形文法学が出て、最近は認知言語学というようなものが出てきています。認知言語学というのは、認知学という学問を使った文法学です。

私はそれらすべてに専門として関わりましたが、なんともバカバカしいのは、それらがすべて中学一、二年生レベルの英語だけを使って作り上げた説だということです。だからいくら勉強しても本を読む力はつかないし、いわんや作文の能力は全くつかないのです。

ところが、学者は難しいものに引かれやすいため、普通の文法学を教えるだけでは物足りなさを感じてしまうのです。そのため普通の英語でないものを教えたがります。たとえばミドル・イングリッシュ、あるいはもっと遡ればオールド・イングリッシュです。これらを学んでいるうちにだいたい学生は卒業を迎えますから、たいした問題ではないともいえるのですが、英語の勉強で最も重要なのは、実は受験勉強に必要な文法を身につけることなのです。受験文法が身についていないと英語の本は読めないのです。

それを一番よく知っているのは予備校の先生です。予備校の先生は、受験文法ができなければ東大に入れないことをよく知っていますから、それを徹底的に教えます。

その結果、受験に合格して東大に入った学生には改めて文法を教える必要はないのです。それがわかるから、東大の先生ならばミドル・イングリッシュかオールド・イングリッシュを教えるわけです。それからあとは文学書をどんどん読めばいいのですが、いつの間にか東大および教育大学を中心として新しい言語学だけを教えるのがブームになってしまったような感じがします。そのため、一般論として英語の知識は弱くなったような気がします。作文などを書かせても下手になっているのです。

それで最近は、「言語学は英語の勉強ではありません。あれは言語学としてやるべきであって、英語の時間にやるべきではありません」ということを、私はいうようになりました。普通の現代英語を読むには、新しく出てくる言語学の知識など全く必要ないのです。

そういうようなことを私がいうようになったのは、間接的には仁斎の影響かもしれません。難しい学問を専門にするのは大学があるからです。新しい分野を入れると、そこに給料を生み出す組織が生まれるのです。本当は大学がなければ、現代の言語学などはおそらく存在する余地はなかったはずです。少なくとも、ある語学をマスターするには、いわゆる学校文法以外は必要ありません。人間学にもあまり小難しいことは要らないという仁斎の主張と同じです。英語を読めるようになるのには難しい言語学は一切必要ないのです。

英語を勉強しているうちに言語学に引かれた人がいます。たとえば東大の中島文雄先生です。この方は『意味論—文法の原理』という本が出世作です。英語の先生ですから英語の文献を見て書くと思うでしょうが、参考文献に英語は一点もありません。すべてドイツ語のものばかりです。すると「中島は偉い男だ、誰も読まないような本を読んでいる」と評判になって、戦前に京城帝国大学の先生になり、戦争が終わって日本に帰ってきたときには師である市河三喜先生の後をついで東大の教授になりました。

中島先生自身は英語の実力はおありになったので、中島先生の弟子たちの名前を知っている人は同業者以外ほとんどいないのではないかと思います。我々が学生の頃は、市河三喜とか斎藤勇とか細江逸記とか福原麟太郎という名前は皆が知っていました。それはそれだけの実力があったからでしょう。ところが、今はそうした名前が知れ渡った英語の先生がいません。ということは、結局のところ本当の実力がないということではないでしょうか。

いわゆる新しい言語学は英語を読むには関係ない。英語を読みたくなったら基本文法、いわゆる学校文法系統のものを丁寧にやれば、それですべてわかるのです。これは伊藤仁斎がいっているのと同じことです。

□『孟子』は『論語』の解説書になっている

（巻の上・第五章）

《質問》

「従来『論語』は理解しやすく普通の人の思うところに沿い、身近で親しみやすいものと感じていましたが、それほど広大で奥深く、容易に理解できるものではないということは知りませんでした。どうかもう一度詳しく説明していただけませんでしょうか？」

《回答》

「理解し難く行い難く、高遠で手の届かないような説というのは異端邪説といっていいものだ。一方、わかりやすく行いやすく、普通で身近なものというのは、これは堯舜（ぎょうしゅん）の指し示した道であって、孔子の教育方針の根本であり、『論語』の

一番の基本となるものなのだ。

また、『孟子』は『論語』についで孔子の教えを明らかにするものである。孟子は『堯舜の道は孝悌のみ』といい、難解な論説を拒絶して、ひたすらに仁義の重要性を唱えている。まさに『孟子』は『論語』の解説書といってもいいだろうね」

＊

『論語』とそれ以外の難解で実行できないような主張をしている書物との違いはどこにあるのか、それはわかるかわからないか、簡単に行えるか行えないかなのだと仁斎は前章に引き続き、明快に語っています。

孔子は堯舜の道を引き継いで、それを教育の中心に据えたのだと仁斎はいっています。そんな孔子について『孟子』公孫丑(こうそんちゅう)上篇で「いまだかつて孔子のような高徳な聖人はいない」といい、孔子の弟子の宰我が「先生（孔子）は堯舜よりも偉いのではないか」といっていることを仁斎は取り上げています。

また『孟子』は『論語』の解説書であるという持論を展開しています。谷沢先生は、孟子が孔子の仁に義を加えたのは、「仁を、さらに膨らませる」ためであろうと解釈しています。これは確かにわかりやすい話です。仁は慈悲心であり、義とは善悪を判断して善をなすということです。ゆえに、仁義があれば、人間の生きるべき道がおおよそ判断できると孟子は考えたのです。

ところが、当時は楊朱が利己主義を旨とする為我説を唱えたり、墨子が万人を平等に愛することを旨とする兼愛説を唱えたりしていました。これらはいずれも極端で、現実的とはいえないものでした。墨子の兼愛説はいいように思えますが、たとえば「万人は平等だから自分の親と見知らぬ他人の親に同じくらいの愛情を注ぎなさい」といわれても、これはなかなか難しい話です。

要するに楊朱や墨子の説は極端すぎて役に立たないのです。だから孟子は、仁に義を加えることによって、仁が表す慈悲というものが不自然にならないようにしたわけです。そういう点を見て、仁斎は『孟子』は『論語』の解説書になっているといったのでしょう。

□人間の生き方についてはすべて『論語』に書かれている

（巻の上・第六章）

《質問》

「『論語』は簡単でわかりやすく、六経は奥深くて難解です。それなのに『論語』の理論が六経よりも上であると説かれる根拠はなんでしょうか？」

《回答》

「北宋の程頤は『論孟既に明らかなるときは、則ち六経治めずして明らかならん（論孟を十分に理解できていれば、六経は特に勉強しなくても理解できる）』といった。

なぜそういえるかというと、六経が説いている道は日常の隅々に通じる常識であり、古今を貫く人間関係の根本原則が網羅されているのだが、論孟の主旨を理解したうえで六経を学ぶとより理解が深まるからだ。それをしないまま六経を学

んでも無用の長物となるだけなのだよ」

＊

六経とは、先にもふれましたが、『易経』『書経』『詩経』『礼記』『春秋』に『楽経』を加えたものです。仁斎は、六経にあるこまごまとした内容を学ぶ前に『論語』と『孟子』で人間としていかに生きるのかを学びなさい、といっているのです。

仁斎は『論語』を「最上至極宇宙第一の書」と断言しています。それは、なんども繰り返し『論語』を読んだ結果、人間の生き方の原点は『論語』にすべて書かれているという思いに至ったからなのでしょう。

◻人が行うべき道理は日常生活を離れて存在しない

（巻の上・第八章）

《質問》

「知り易く行い易く、時代を超えて変わることのない真理というものが最も尊いものであることは、ご説明をうかがい、わかりました。しかし、心の内にはまだ釈然としないところがあります。お願いですから、もう少しわかりやすい言葉で教えてください」

《回答》

「人間以外には道理はなく、道理と無関係に人間が生きていくことはできない。人が人の道を行うことにどうして理解し難く行い難いことがあるだろうか。『孟子』滕文公（とうぶんこう）上篇でいうように『夫れ道は一のみ（道はただ一つしかない）』だ。この

ことを理解している人は何か問題が起これば必ず自分の身近に答えを求めようとするはずだよ。

もしかすると君は感覚を超越したところに最も高貴でキラキラと光り輝く、驚きと楽しみにあふれた道理があるとでも思っているのではないのか。しかし、そんなものはどこにもないのだ。天地の間には、ただ一つの確かな手ごたえのある道理があるだけだ。変わったものなどは何もないのだよ。

その道理というのは、君臣、父子、夫婦、兄弟、朋友といった人間関係の中で、相親しみ、愛し、従い、聚（あつま）り、善悪、是非を明らかにする。万世を経た後もこれは変わらないものだ。それが自然の法則に合致し、人間社会の道徳にもかなう生き方だ。もしもそれ以外のことを説く人がいたら、それは野狐や山の精が君をたぶらかそうとしているのでなければ、必ず邪説を流布しようとする者に違いないよ」

＊

人間が人間の社会に生きているということは、すでに道理の中で生きていることなのです。これは理屈ではありません。そして、その道理というのは「君臣、父子、夫婦、兄弟、朋友といった人間関係の中で、相親しみ、愛し、従い、聚（あつま）り、善悪、是非を明らかにする。万世を経た後もこれは変わらないものだ」と。

この仁斎の言葉を聞いて思い出したのは、アルフレッド・ラッセル・ウォーレスというダーウィンに進化論を開眼させた人の話です。この人はインドネシアの辺りに八年間ぐらいいて動植物の標本採集を行いました。そのとき最も野蛮な種族が暮らすといわれていたニューギニア辺りの島で、いろいろな人々が集まって交易する場所があることを発見しました。そこでは人殺しもなければ一切のごまかしもない。そんな未開の地でも人倫というものがあるというのです。

それを見たウォーレスは、この島のほうがロンドンよりも道徳の点では高いと考えました。十九世紀半ばですから、イギリスとニューギニアを比較するというのはとんでもない発想なのですが、進化論の元祖であるウォーレスには人種差別観が全くないのです。これは仁斎も同じで、人間が生活しているところならば、それがどこであっても信ずるべき道徳に大差があるわけではないといっているわけです。

それが理解できないと、何かを信じればそれで幸せになれるというようなことを説くカルト教団に引き込まれてしまったりする。しかし、それはしょせん夢幻であると仁斎は注意を喚起しているのです。

□人がいるところには必ず守るべき道がある

（巻の上・第九章）

《質問》

「何をもって人の外に道なしといわれるのですか？」

《回答》

「人とはなんだろうか？　君臣、父子、夫婦、兄弟、朋友といったようにいろいろな立場があるだろうが、そこにある道理は一つである。それは君臣であれば義（職務の誠実な履行）であり、父子であれば親（親しみ）であり、夫婦であれば別（節度）であり、兄弟であれば叙（順序）であり、朋友であれば信（信頼）である。人は皆、これによってあるのである。人がいなければ、そもそも道理はない。だから、『人の外に道なし』といったのだ」

《質問》

「何をもって道の外に人なしといわれるのですか？」

《回答》

「道とはなんであろうか？　それは仁、義、礼、智のことだ。人間はその中に閉じ込められていて、少しの間もここから離れることができない。離れるときは人間ではなくなってしまうときだ。だから、『道の外に人なし』といったのだ」

＊

孟子は惻隠、羞悪、辞譲、是非の四つを人間なら誰でも持っている「四端」として掲げました。そしてこれを拡充していくと、仁、義、礼、智に極まるといっています。だから人間は道徳から離れられないのだ、と仁斎はいっているのです。これは大変な自信ですが、この仁斎の自信は地球の外にまで広がっていきます。

曰く、「たとえ宇宙の外にまた同じく宇宙があったとしても、その地に人間がいるならば、そこには必ず君臣・父子・夫婦の人間関係とそれを律する道徳があって、仁・義・礼・智の道に従っていることであろう」と。実に堂々とした主張です。

明治維新の頃、武士たちが海外視察のためにアメリカに渡りました。彼らはどこへ行っても尊敬されました。なぜかというと、彼らの態度が堂々として立派だったからです。当時のアメリカは建国間もない頃でそれなりに立派な人たちがいましたから、日本人とは文化の異なるキリスト教徒ではありましたが、波長が合ったのではないかと思うのです。文化は違っても、人間としての基本的なところで尊敬し合うということがあるのではないでしょうか。

このように、どこにいても人間には道というものがあり、道がなければ人間として生きられないのです。だから仁斎は、道理を無視したような奇妙な説に引っかかってはいけないと注意をするのです。しかし、実際のところ、人間は奇妙な説に引っかかりやすいものです。優秀な大学の学生たちがオウムに引っかかったのもその一例でしょう。

□議論ばかり盛んになるのは道徳が衰えている証拠である

（巻の上・第十章）

《質問》

「時代が下がるほど学問が高遠なものになっていき、『論語』の教えと反対の方向に行ってしまうのはどういうわけでしょうか？」

《回答》

「道徳が盛んなときには、道徳をどうしようかという議論など出てこないものだよ。反対に、道徳が衰えてくると道徳についての議論が高まってくるだろう。これは天秤で物を量るときに、物の重さの軽重に従って上がったり下がったりするのと同じことだ。道徳が一分衰えれば、議論が一分高くなる。道徳が二分衰えれば、議論が二分高くなる。道徳がますます衰えてくると議論はますます高まってくる。議論が最高潮まで達したときには道徳はないも同然だ。

仏教と道教が社会倫理をないがしろにし、宋代の道学者や理学者たち（周敦頤、程顥、程頤、朱熹など）が理論ばかりで現実を見なくなってしまったということなどがこれにあたるだろうね。皆、議論が盛んになることを喜んでいるが、そのために道徳が落ち込んでいることには誰も気付いていないようだ。

ところが、孔子の学問は直ちに道徳に従って行い、役に立たない議論はしない。たとえていえば、太陽が天の真ん中にあるときにはロウソクが必要ないのと同じことなのだよ。

孔子は『忠信を主とす』といい、弟子の曾子は『吾（われ）日に三度吾身（わがみ）を省る』といった。聖賢の学に志す者はこの言葉の意味をよく心得て、そののちに『論語』を読むべきだね」

＊

ここでいう学問とは人間学のことです。童子は人間学の議論が高尚で遠大なものになるほど『論語』の教えから離れていくのはどういうことなのか、と聞いているわけです。それに対して仁斎は、道徳が衰えるに従って議論が盛んになり、その結果として、理屈っぽく抽象的な道徳論ができあがってしまうというのです。

それに対して、孔子の学問は極めてわかりやすいものなのだというのです。しかし、本来はそんな簡単な教えを後世の儒学者たちは無駄に難しくして、『論語』の目指す方向とは逆の方向へ走ってしまった。それはまさに道徳が衰えている証拠であると仁斎は宋代の学問を批判するのです。

□いい芽を育てるという点で『孟子』も『論語』と変わらない

（巻の上・第十二章）

《質問》

「教えていただいて『論語』がまさに宇宙第一の書であることがわかりました。しかし、『孟子』には人間の生まれつきの本性が善であるという説がありますが、『論語』はひたすら学問を主とし、性善説については何も述べていません。これは『論語』の欠点とはいえないでしょうか？」

《回答》

「『論語』はもっぱらいかに学ぶかについて説いていて、道理はその学びの中に含まれている。『孟子』はもっぱら世の中の道理がどうなっているかについて説いていて、その中に学ぶべき教えが含まれている。いわゆる性善というのは人間

社会に大切な礼や義を軽視し、仁義に従って行動できない人間を正すためにいったことで、これもまた一つの教えなのだよ。一方、『論語』はもっぱら人間教育を主としているから、生まれつきの性が善か悪かということは論じないわけだ」

＊

ここで童子は性善説についての『論語』と『孟子』の違いを指摘しているのですが、この質問には朱子学を学ぶ者の細かさがよく表れています。こういう小さな違いにこだわることによって、朱子学はどんどん小うるさいものになっていったのです。

仁斎は、孔子にしろ、孟子にしろ、性が善か悪かなどは問題にしていないといっているのですが、それをもっとはっきりいったのは『孟子』の拡充の説です。拡充の説は『孟子』の根底的な論理ですが、要するにこれは「いい芽を育てることが重要なのだ」といっているのです。性善説などよりも、この「いい芽を育てる」というところが『孟子』の教育の本筋であり、その点において『論語』と全く変わらないと仁斎はいっているのです。

□いい芽を伸ばすことが聖人賢者を育てる第一歩になる

（巻の上・第十三章）

《質問》

「性、道、教の違いを詳しく教えてください」

《回答》

「道は最上のものであり偉大なものである。それは論ずることはできないものだ。しかし、いくら論じたところで人間を聖人賢者にすることはできないだろう。孔子は『道人を弘むるに非ず』（道が人間を大きくするのではない）といっているね。人間を聖人賢者にし、将来の学問を志す人を指導して平和な世の中にするものは、すべて教育の成果なのだよ。これを孔子は『人能く道を弘む』（人間は道を弘めることができる）といっている。ゆえに道を上とし、教えをその次としているわけだ。

しかし、人の性が物事を理解せず、理性を欠けて、鶏や犬ほどのレベルであれば、どれほどの聖人や賢人を集めて教育したところで、道を弘めるといった善行に導くことはできないだろう。そう考えると、性というものもまた重要になってくるのだよ」

＊

道徳は素晴らしいものだが、それを弘めるのは道徳そのものではなくて人間なのだから、道徳があり、次に教育があるのだけれど、人間の程度があまりにも低ければせっかくの道徳も弘めようがない。そこで人間の生まれ持った性というものが重要になってくるのだというのです。要するに、人間の中に潜んでいるいい芽を引き出して伸ばすことで、世の中の道理を知り、立派な教えを身につけることができるというわけです。

これが、性、道、教の違いであるというのです。しかし「漢代や宋代の儒学者の多くがこの順序を逆にして、間違った説明をしたために問題が起こったのだ」と仁斎は指摘しています。

□学ぶ者の性が善でなければ教育の効果はない

（巻の上・第十六章）

《質問》

「教育は人間にもともと備わっている性よりも重要なものでしょうか？」

《回答》

「そんなことはない。良い教育を受ける機会があったとしても、教育を受ける者の性が犬や馬と同じレベルであれば、これが道だといったところで受け入れられるものではないからね。学ぶ者の性が善でなければ効果はないのだよ。性が善であれば、善を見れば悦び、不善を見れば憎み、立派な人を見れば貴び、こざかしい人を見ればさげすむようになるものだ。

これは情け容赦のない盗賊であっても、そういうことがうるのだよ。だから、

彼らだって教育によって変わる可能性があるのだよ」

＊

性というのは非常に難しいのです。性善説であるとか性悪説であるとか割り切って人間を見る人もいますが、仁斎はそれほど簡単な見方はしません。前章で見てきたように、一般に性善説といわれる孟子でさえも実際には割り切っていませんし、孔子は性善も性悪も何もいっていません。

だから仁斎は、今は悪事を働いていても、その人の根本に善を悦び、不善を憎むという感性があれば教育は可能であるといっているのです。性が善でなければ、いくら良い教育を施してもその人間を伸ばすことはできないというのです。逆にいえば、伸ばそうと思っても伸ばしようがない性もあるということなのでしょう。

性善とか性悪とか割り切ると議論はしやすいのですが、仁斎はそういう割り切り方はしないし、孔子もそれについては何もいわない。『孟子』は〝芽生え〟みたいなものがあるといって、それを伸ばすか伸ばさないかは教育次第である、と説いています。この考え方は『論語』陽貨篇にある「性相近し、習い相遠し」とピタリと合います。仁斎が『孟子』を読むと『論語』がわかるというのはこういうところなのです。

□日々学び続けるかどうかで賢人と凡人に分かれていく
（巻の上・第十七章）

《質問》
「いくら教育をしようとも性が善でなければ効果がないとするならば、性は教育よりも重要なのですか？」

《回答》
「そうではないね。人には皆、生まれつきの性があるだろう。その性は均しく善なのだよ。ただし、学問によって性を充実させれば立派な人間になれるが、それをしなければただの人で終わってしまう。いくら性が善であるといっても、それだけでは信頼できないというのはこういう理由なのだ。現実を見ずに空想を働かす者は、得るものの何もないことばかりいう。それではだめなのだ。よく努力しなさい」

＊

これについて孟子は「苟も之を充ざれば、以て父母に事うるに足らず」（もしもそれを発展させなければ、身近な父母に奉仕することさえもできない）といい、孔子は「性相近し、習い相遠し」といいます。つまり、性を輝かせるためには、孟子がいうように本性を拡充する必要があるのです。そうしないと、孔子のいうように「生まれつきは大した差がなくても、学習あるいは生活習慣次第で大変な差ができてしまう」のです。

また先にも述べた「人能く道を弘む。道人を弘むるに非ず」という孔子の言葉もこれと同じで、性を発展させるためには教育が重要なのだといっています。孔子は「学ぶに如かず」といっていますが、これも要するに「日々学び続けなければ成長できない」ということです。だから「現実を見て、よく努力しなさい」と仁斎はいうのです。

「人には皆、生まれつきの性があるだろう。その性は均しく善なのだ」という言葉だけを聞くと、仁斎は性善説なのではないかと思ってしまいますが、これはいわゆる性善説ではないのです。性が善であっても学問をしなければどうにもならない、学問が大切なのだといっているわけです。

□生まれ持った能力を引き出すのが教育の役割である

（巻の上・第十八章）

《質問》

「性と教には優劣はないのでしょうか？」

《回答》

「人間の生まれつきの本性は善ではあるけれど、それは自ら積極的に動くわけではない。教育は積極的に働きかけるが、いきなり積極的にこられても受け入れるほうには抵抗があるだろうね。そのようなすぐには受け入れ難い教育を素直に受け入れることができるのは、生まれつきの本性が善であるからだ。

その本性の善を拡充するものが教育なのだよ。だから、性と教とは車の両輪みたいなものなのだが、生まれつきの性というものは皆同じようなものなのだから、

それを拡充する教育の働きが重要になるわけだね。
南山に生えている竹が人の手を加えなくても真っ直ぐであるのは、本来の性が善であるようなものだ。この竹を矢柄（矢の幹）にして羽根をつけ、鏃（やじり）をつけて研げば、射たときに深く刺さる。これは教育の効果のようなものだ」

＊

前二章で、性も大事だと教も大事だという仁斎の回答を聞いた童子は、どちらも大事だというのなら、どちらが上、どちらが下ということはないのか、と質問したわけです。これについて仁斎は性よりも教育が大事だと明確に答えています。生まれつきの本性の善は、そのままでは静まっていて動かない。それを引き出して伸ばしていくために教育があるというわけです。教育がなければ、性が善であってもそれが表に出てくることはない、だから教育が大事なのだといっているのです。

これを説明するために仁斎は「南山の竹」の例に出します。この話はとても有名で、中島敦の小説『弟子』にも登場します。孔子の弟子の子路が「南山の竹は真っすぐなので、切ってそれを矢に用いれば厚い犀の皮をも貫き通すと聞いています。その竹のように天性の優れた者であれば、学問など必要ないのではありませんか？」といったところ、孔子は「その竹でつくった矢柄に羽根をつけ、鏃（やじり）を付けて研いだら、単に犀の皮を貫き通すにとどまらないであろう」と答えるのです。天賦の才に加えて学問を積めば、さらに強力な武器になるではないかと孔子はいったわけです。

性がいくら素直で良質であっても竹のままではたいして役には立ちません。ただ、それに工夫を加えると高く遠くまで飛ぶ矢に生まれ変わる。そうすれば「射れば必ず当たり、高い塀の上にとまっている隼（はやぶさ）さえも射ることができるのだ」と仁斎はいうのです。それは鏃をつけたからですが、この鏃をつけるというのは教育によってなされることだというわけです。こうした教育の効果を知るからこそ、『論語』は教育を一所懸命説き、『孟子』は拡充の説を唱えるのだと仁斎は説明しています。

仁斎は「人の生まれつきの性は善である」と答えていますが、その善とは性善説を意味するものではなく、孟子が述べたような拡充できる芽を持っているということを指摘しているのです。芽がなければ善もないということです。

回学問の常道は文行忠信の四項目を学ぶことである

（巻の上・第十九章）

《質問》

「性、道、教の違いについては詳しく説明していただき、よくわかりました。では具体的に何を学ぶべきかについて教えてください」

《回答》

「孔子は四つの項目を掲げて教育をした。それは文行忠信である。これは孔子門下の学問の定法であり、初学者が道を学ぶときの手段、規準としたものである。時代がいかに移り変わろうと、これが学ぶ者の正道であることは変わらない。

文を学ばないと人間の智は必ず仏教や老子の学（道教）のように偏ってしまうし、行を弁えないと空理空論を弄ぶ宋学の儒者のようになってしまうし、忠信を

怠ると市井の人たちのように人としての道がしっかりと行われなくなってしまう。だから文行忠信は学問をする者には均しく重要なもので、一生努力し続けなくてはならない修業であって、それを続けることが仁義にかなった正しい道を行くことになるのだよ」

＊

文行忠信とは何かというと、文とは六経のことで、前にも述べた『易経』『書経』『詩経』『礼記』『春秋』『楽経』の六つの経典です。二つ目の行とは孝悌礼譲、すなわち年長者によく奉仕し、自らは引いて人に譲る心を持つこと。また忠とは全力を尽くすことであり、信とは人間としての常識を身につけることを指しています。

人間として社会の中で生活していくための基本となるのが文行忠信なのです。これがないと、現実に足をつけて真っすぐな道を歩いていけません。だから仁斎は文行忠信が「一生努力し続けなくてはならない修業」であるといっているのです。

□学ぶことより大きく貴いものはない

（巻の上・第二十章）

《質問》

「先生は『文を学ばないと人間の智は必ず偏る』とおっしゃいましたが、禅宗では不立文字といって真理を悟るのに文字にはたよらず、心に直接体得することを説いています。王陽明の陽明学も実践を重んじて、書物を読んで人の歩むべき道を見出すことを否定しています。これらの考えは間違っているでしょうか？」

《回答》

「学者の中には、実体のないところを駆けずり回り、自分の好きなようにして、その独断にまかせて好き勝手に振る舞うような者がいるが、そのような者に天下の道理を窮めることなどできるはずがないだろう。

学問の働きよりも大きなものはなく、学問の道よりも貴きものはないのだよ」

＊

ここで仁斎は学問の大切さを童子に教えるために『論語』陽貨篇にある次の言葉を挙げています。

「仁を好んで学を好まざれば、其の蔽や愚なり。知を好んで学を好まざれば、其の蔽や蕩なり。信を好んで学を好まざれば、其の蔽や賊なり。直を好んで学を好まざれば、其の蔽や絞なり。勇を好んで学を好まざれば、其の蔽や乱なり。剛を好んで学を好まざれば、其の蔽や狂なり」

（仁を好んでも学を好まなければ、その弊害として優柔不断になる。知を好んでも学を好まなければ、その弊害としてとりとめがなくなる。信を好んでも学を好まなければ、その弊害として人に損害を与えてしまう。直を好んでも学を好まなければ、その弊害として寛容さがなくなる。勇を好んでも学を好まなければ、その弊害として乱暴になる。剛を好んでも学を好まなければ、その弊害として常軌を逸してしまう）

学問によって人間は正しい道を歩んでいけるといっているのです。

□学問によって人間は許容量を拡充することができる

（巻の上・第二十一章）

《質問》

「今のお話を聞いて学問の偉大なることに感銘を受けました。もっと詳しく聞かせてください」

《回答》

「宋や明の儒者たちは、人の天性は外からの影響は受けず、本来のままの状態を完全に保持できれば、それが最高なのだといって、学問の働きの大きいことを理解していなかった。しかし、人間の性は有限で、天下の道は無窮だからね。限りある性でもって窮まることのない真理を知ろうというのならば、学問に頼るよりほかに手段はないのだよ。これが、孔子が専ら教育を重視する理由なのだ。

人が一つの目的に向かって一心に前進し、一所懸命に学んで飽きることがなければ、聖人賢者にもなれるし、天地の化育を賛(たす)けることにもなる。だから教育を貴ばなければいけないし、孟子のいう拡充というのはこういうことなのだ」

*

仁斎は拡充という考え方を『孟子』離婁下篇にある「原泉混混として、昼夜を舎(す)てず、科(あな)に盈(みち)て、四海に至る」（源泉から水がこんこんと湧き出で、昼も夜もやすむことなく流れ出て、窪地を満たして、ついには四方の海にまで至る）という言葉で説明しています。ここで重要なのは水源があるということです。もしも水源がなければ、こういう拡充現象は起こりえないのです。

ところが朱子は「其の本然の量を充満す」といいました。これは「一升の水を一升の器に入れ、一斗の水を一斗の器に入れる」という考え方で、本来の容量いっぱいまで水を満たすというのが朱子のいう拡充なのです。

孟子のいう拡充はそうではなく、「押しひろげ、充たしひろげる勢いは止めきれない」ということで、一升の器に一升の水を入れて満足するということではないのです。

孟子のいわゆる「浩然の気」もそうですが、無数に広げるということを意味しているわけです。これは何度か出てきた「道は人を広げないが、人は道を広げることができる」というのと同じ意味です。学問にはそれを可能にする力があるということなのです。

□倫理的に正しければ財産や地位・名誉はいいものである

（巻の上・第二十三章）

《質問》

「富貴爵禄（財産や地位・名誉）といったものは、皆、外物（外から来たもの）です。それらを受ける誘惑を受け入れることはいいことなのでしょうか？」

《回答》

「財産や地位・名誉は人間生活に欠くことのできないものである。ただし、それを受けることが礼儀にかない、倫理的に正しいものであるかどうかを見定める必要があるだろうね。けれど、単に外物だからといって厭うべきではないよ」

＊

この富貴爵禄を外物とするのは宋学の考え方です。宋学は仏教の影響を受けているため、どこか俗を避ける排俗思想というものがあります。しかし、本来孔子は俗を避けていません。

また仁斎自身は富貴爵禄といったものには全く関心がなかった人です。後にも述べるように、一千石で仕官を請われたのに断っています。当時の浪人たちは十石か二十石もらえるならば殿様の草履を舐めてもいいというぐらいでした。そんな時代に一千石を断るのですから、仁斎は本物です。そういう人が富や地位や名誉は人間社会に必要なものだと富貴爵禄を肯定しているのですから、これは大変尊い発言だといえますし、説得力があります。こうした仁斎の態度は、江戸時代に学者が尊敬されるようになったもとになりました。

これと似た話がカトリックでもあります。カトリックほど二十世紀において終始一貫して共産主義に反対したものはありません。その反面、カトリックほど私有財産を持たない人が多数いる宗教はないのです。数多くの神父や修道士や修道女が全く私有財産を持っていません。そういう人たちが私有財産を否定する共産主義に反対したから迫力があったのです。

また、カトリックほど独身者がいる宗派はありません。偉い人は全員が独身です。

ローマ教皇からはじまって普通の神父さんに至るまで、一人も結婚していません。それからたくさんの女子修道会がありますが、修道女は皆、独身のままです。それなのに、カトリック教会ほど結婚を祝福するところはないのです。これは矛盾しているのですが、だからこそ尊いといえます。

私にはこういう経験があります。あるキリスト教系の女子大学の卒業生で大学の助手をしていた人が上智大学の哲学科修士課程に入ってきたのです。その女性がいうには、上智に来て一番驚いたのは修士課程に来ている女子学生が結婚したときにみんなが祝福することだ、と。神父さんまでもが祝福しているといって驚いているのです。彼女の卒業した女子大学では、大学の助手になったような女性が結婚すると、「あなたも陥落したわね」といわれて絶対に祝福されるようなことはなかったそうです。それゆえ、結婚をしないカトリックの人たちの集団が最も結婚を祝福しているのを見て驚いたというわけです。

自分の考え方は別にして、社会習俗には積極的に従うというのは仁斎の逸話の中にもありましたが、このあたりが仁斎の人間としての幅の広さであると思います。

□世の中を貫く道は身近なところからはじまる

（巻の上・第二十四章）

《質問》

「先生が説かれた道理は十分に納得できました。しかし、あまりにも身近すぎないでしょうか？」

《回答》

「身近であるというのは、それだけ内容があるということだ。議論が高じると、えてして内容がなくなってその場だけの話で終わってしまう。だから学問をする場合は身近な問題を避けるわけにはいかないのだ。日常の出来事をなおざりにする者は人の道を知っているとはいえないよ。

人の道というものは大地のようなものなのだ。この世の中で地面ほど低く卑し

いものはないかもしれない。しかし、人が踏みしめることのできるのは地面だけだ。地面から離れたら立つことはできないだろう。

『孟子』離婁上篇に『道は邇き(ちか)にあり、而るに諸(これ)を遠きに求む』（道は近くに求めるべきであるのに、遠くに求めてしまう）**とあるけれど、諸子百家や異端の学問をする者は身近にある問題を議論することを恥ずかしがって、ことさら高級な議論や変わった行動をとって目立とうとしたり、あるいは異質なものを探求し尽くしてそれを超自然といってみたり、天を持ち出して高等なものに見せかけたりすることが甚だしい。これは内容のある道徳というものを知らないからだというしかないね」**

＊

わかりやすく身近な問題こそ大事なのだとする、このあたりは仁斎の真骨頂です。この身近であることが大事であるという意味を仁斎は地面と人間の関係にたとえているのです。地面はみんなに踏まれるようなものだけれど、地面がなければ立つことさえできないではないか、と。卑近なものだからといって軽く見てはいけないのだ、といっているのです。

　ここで仁斎は「卑近」という言葉をいい意味で使っているのです。卑近、身近なことというのは、たとえば親に孝行するとか、兄弟は仲良くするというようなことです。人の世を貫く道というのは、こうした身近なところからはじまるものなのだといっているわけです。

□誰でも実践できるものが本当の真理である

（巻の上・第二十七章）

《質問》

「禅宗、荘子、朱子学が真理を説くときは、遠くにある大いなるものを最終的に到達する最高点としています。先生が説かれる真理は『近きにあって、遠くにあらず』と反対のことをいわれます。それはどうしてか、理由をお聞かせください」

《回答》

「人に語って相手が理解できないものは立派な教えとはいえないし、人を指導して相手が従えないようなものは立派な道とはいえない。聖人の道というものは、君臣・父子・夫婦・兄弟・朋友の間にあって、そこに必要な徳は仁義忠信以外に

は何もない。いつまでも変化することなく一定で、どこでも通用して矛盾することがないものなのだ」

*

すなわち、真理というものは誰でも実践できることが重要なのであって、普通の人にはできないようなことは聖人の道ではないというわけです。あくまでも卑俗なところに真理を求めようというのが仁斎の学問なのです。

これについて谷沢先生は禅宗の例を挙げています。先にも述べたように、禅宗では不立文字といって「教義の真意は心で悟るべきであるから、言葉では言い表さないのが建前である」とするため、厚かましい修行者が「自分は悟った」といったときにそれが本当かどうか試す方法もないのだ、と。そういうのを野狐禅というのですが、そうやって「強引に悟の評判を作る」ようなことが行われてきたというのです。だから、「禅が理論でも信仰でも実践でも、世にまことの貢献をした例はない」と手厳しく批判しています。

これは谷沢先生の極論でしょうが、禅宗には確かに〝はったり〟を与える力があるようです。私はK・T氏にドイツ語を教えたことがあります（といっても、ドイツ語の授業をしたのは二回程度で、あとはＫ・Ｔさんの話を聞くことが多かったのですが）。Ｋ・Ｔさんは戦前の共産党の指導者で、のちに転向したのですが、実に〝はったり〟の多い人でした。ほら吹きといえるかもしれないのですが、Ｋ・Ｔさんの〝ほら〟で当時の自民党の幹部や大銀行の頭取が動くのを私は脇で見ていました。

あるときインドネシアから有力者が来日したことがありました。そのときＫ・Ｔさんは自民党の幹部や大銀行の頭取に「俺が呼んだんだ」といっていました。そのとき私は偶然一緒にいたのですが、Ｋ・Ｔさんは自民党の幹部や大銀行の頭取と会う前に自宅に寄ってテレビを見ていました。テレビではインドネシアで反日暴動が起こったというようなニュースが流れていました。彼はサッとニュースを見て、夕方になると出かけていって「インドネシアにいる自分の手下からの情報によれば事態はこういうふうになっている」と、テレビで見たことを話すのです。

今のようなインターネットがないような時代、テレビは重要な情報源でしたが、自民党の幹部や銀行の頭取が真っ昼間からテレビを見ている暇はありません。それでＫ・Ｔさんから聞いた話を真に受けて、偉い人たちが実際に動くのを私はこの目で見ました。彼は禅宗の偉いお坊さんを尊敬していて、年の暮れには座禅に通っていました。それを思い出すと、なるほど禅宗は人に〝はったり〟の力を与えるものだと納得できるのです。

戦後、六〇年安保のときに日本国中が湧き立ちました。七〇年安保にはどんな騒ぎになるだろうかとみんなが心配していたとき、財界や自民党の指導者に覚悟を決めさせる一つの力になったのも禅宗になった活動家でした。禅宗というのは〝はったり〟かもしれませんが、確かに力になります。ただし、仁斎はそういうのはよくないと否定しているわけです。

□一瞬たりとも離れることのできないのが真実の道である

（巻の上・第二十八章）

《質問》

「知り易く行い易いものは是であり、知り難く行い難きものは非であるといわれましたが、知り難く行い難いものが本当の是で、知り易く行い易いものは非なのではないかとはお思いになりませんか?」

《回答》

「『中庸』に、『道というは須臾（しゅゆ）も離るべからず。離るべきは道に非ず』（道はほんの一瞬も離れることのできないものである。離れることのできるものであれば、それは道ではない）とあるだろう。道が本物か偽物かはここからわかる。堯舜孔子の道は一瞬たりとも離れることはできないが、仏教や老荘の道は、あったところで天下に益はなく、なくても天下に損はないようなものだ。そんな簡単に離れることのできるものは道とはいえないね。

老荘の説（道教）は戦国時代から秦・漢に至るまでの間に盛んであったけれど、今は廃れている。仏教は後漢の時代にようやく中国にやってきたもので、堯舜の時代や夏・殷・周の頃には姿も形もなかった。しかし天下は安らかで、人民は長生きをして、平和な時代が数百年も続いたではないか。

秦の始皇帝、漢の武帝、唐の玄宗皇帝、宋の徽宗皇帝は道教を熱心に信奉したけれど、時が経るにつれて政治は乱れ、社会風俗が堕落していった。仏教は、晋・宋・斉・梁・陳・隋の頃に盛んになって唐・宋にまで及んだが、六朝の間は戦乱と国家滅亡が相次いだ。

仏教と道教は乱を鎮めるのになんの役にも立たなかった。唐・宋の時代には比較的平和な状態が続いたとはいえ、それに仏教が関係していたわけではないし、また天下が安らかであったといえるほどでもなかった。だから仏教や道教があっても天下に益はなく、なくても天下に損はないといえるのではないだろうかね」

＊

知り易く行い易いものは、当たり前すぎて人の興味を引きにくいものです。それに比べ、知り難く行い難いものは、その難しさゆえに、とくに学問をする人にはもてはやされがちです。しかし、そうしたものを長い目で見てみれば、一時的に盛んになったとしても、なかなか根付くところまではいきません。

根付かないということは、人と不即不離とはいえないから必要ないのだ、と仁斎はいっているのでしょう。それに比べて儒教というものは、古代の堯舜の時代から政治に影響を及ぼして数百年も続いているではないか、と。

さらに、仁斎は仏教や道教の悪影響についてもふれて、堯舜孔子の道は一日でも離れてしまえば、たちまちのうちに君臣・父子・夫婦・兄弟・朋友といった秩序が乱れてしまうのだから決して離れてはいけない、と断定しています。これほど仏教や道教をバッサリ斬り捨てた論というのはなかなかお目にかかれるものではありません。

□学問とは人間が社会で生きるために必要な徳を学ぶこと

（巻の上・第二十九章）

《質問》

「先生は、道は知り易く行い易いことと何度も仰いました。しかし、今、儒学者の看板を掲げている者は皆、真理の門は入り難いといって苦労しています。これはどうしてでしょうか？」

《回答》

「そういう人は学問をすることをこの上もなく高尚で、世間の常識から離れ、人情からほど遠い、高遠で簡単にはできないことと考えているのだろう。だから、入り難いといって苦労するのだ。しかし、聖人の教育は人間に基づいており、教えを強制することはない。孝悌忠信といった、誰もが善であるとし、美しいこと

だといい、ばかにする者がいない立派な徳目を学ぶこと、これが学問というものであって、これ以外には学問と呼べるものなどないのだよ。

農民、商人、召使などの身分の低い人たちの中には親に孝行、兄弟仲良く、不正をせず、正直であるなどの徳が生まれつき備わっていて、学問を積んだ者でも及ばないような者がいる。また、学問をしなくても約束をよく守り、人にへりくだり、さっぱりしていて自制心があり、感激性で正義のためなら命も投げ出すというような者もいる。むしろこうしたことが学問の基本なのであって、学問の目的はこうした精神、徳を拡充することなのだ」

＊

要するに本当の学問とは人間の生きる道を教えるもの、今でいう人間学のことをいうのだといっているのです。だから身分に関係なく、誰でもできるものなのだと。

この仁斎の言葉は、江戸時代に町人の学として流行した心学に自信を与えるものといえるでしょう。ところが、石門心学の祖である石田梅岩は仁斎の学問を「商人心を忘れさせるもの」として激しい非難を浴びせたようです。しかし、それはおかしな話です。梅岩の心学は仁斎の学を町人レベルに下げただけの話であって、私からいわせれば、むしろ梅岩は仁斎なくしては世の中に出られなかったと思うのです。

仁斎のいう学問とは、身分の低い人でも根本的に備わっている上記のような徳にさらに磨きをかけて人格を大きく成長させることが目的なのです。それが『孟子』のいう拡充ということなのだといっているわけです。

□『論語』『孟子』だけを何度も読めばそれだけで事足りる

（巻の上・第三十三章）

《質問》

「古人の考えに則って思考するとはどういったことですか？」

《回答》

「先にいっておくが、私の思いを知りたいというのならば、『論語』『孟子』の二書を読むだけで十分だ。そこには病気を治すための方法だけでなく、体を養い整える方法まで悉く（ことごと）書かれている。君は今まだ理解して身につけていることが少ないだけでなく、暗記しているところも少ないから、よく読んで声に出しながら味わえば満足して心から納得できるところがあるに違いない。それは何もない場所に忽然として物が現れるようなものなのだ」

＊

これは仁斎の実感でしょう。また仁斎は『論語』『孟子』について「昨日すでに読んだところを今日また読むと、一言一言が新しく、一句一句が新しく感じられるはずだ。最初に読んで目を留めた語句の意味が遥かに深く感じられて、別の感慨が得られるだろう」といっています。読めば読むほどその深さがわかってくるというわけです。だから、いろいろな本を読む必要はない。『論語』と『孟子』だけを読めばそれで十分であると仁斎は主張してやまないのです。

□外面を飾るだけの学問には何も意味がない

（巻の上・第三十六章）

《質問》

「宋時代の儒学者である程顥と程頤らは、人間のとるべき態度として敬を第一としました。しかし、先生は忠信を第一とされているのはなぜですか？」

《回答》

「孔子は『忠信を主とす』といっている。主という字は賓という字と対をなしている。その意味するところは、学ぶ者は忠信を主としなければならないということであり、忠信を主とすればその言葉や行いは普通で淡々としていても、その内側は充実しているものだ。敬の態度を保持する者は、自分に誇りをもっていて、外面はきちんとしている。だから、その人を見ると立派な儒者に見える。

しかし、その内側はどうだろうかね。誠意が不十分で、自らの保身ばかり考えていて、他人を責めることには執念深いなど、多々問題があるように私には見える。敬を持つことの欠点はいいつくせないほどたくさんあるよ。だから、忠信を主とすることが修養の方法としては一番なのだ」

＊

敬というと私たちは相手に対する敬意のようなものを思い浮かべますが、朱子学者が使う敬というのはそういうものではなくて、自分をよく見せようとする傲慢で尊大な自尊心のようなものであると仁斎はいうのです。そして、そういう形ばかりの敬を批判して、「学問は忠信を根本としている。だから『論語』にも『忠信を主とす』とあるではないか」といっているのです。

この忠信と敬の問題については次の章でもふれられています。

□枝葉末節にこだわって本質を見失ってはいけない

（巻の上・第三十七章）

《質問》

「忠信を主とするときは、敬を用いる必要はありませんか？」

《回答》

「そんなことはない。孔子は『言忠信、行篤敬』（言葉が誠実であり、行動はまじめで念入りに）といっている。また『居所恭しく、事を執るに敬し、人と忠あり』（じっとしているときはきちんとしており、仕事をするときは念入りに、人に対して誠実である）と。敬もまた修養に役立つものの一つであり、教訓にもなっている。どうしてなくすことができるだろうか。

しかし、忠信は格別に重要なものなのだ。忠信は薬でいえば甘草のようなもので、なくてはならないものなのだよ」

＊

甘草はどんな漢方薬にも含まれています。そのように絶対に欠かせないものが、学問修養においては忠信なのだというのです。だから、どんなときでも忠信を主としなければいけないというのです。

また、宋儒、朱子学では「持敬」という言葉を使いますが、これは孔子が「事に就いて敬を致す」といったときの敬と字は同じだけれど意図するものが違うのだと仁斎はいっています。そして「宋儒はただ敬の字だけで学問のすべてを説こうとしているが、それは一種類の薬であらゆる病気を治そうとしているようなものであり、そんなことは無理な話だ」というわけです。

すなわち「豈徒に一事を守って徳を成すことを得べけんや」（敬だけを守って徳をなすことができるものか）と、敬を振り回す儒者を批判するのです。枝葉末節にこだわりすぎて、結局、本質を見失っているじゃないか、と。

□良好な人間関係はすべて愛によって保たれている

（巻の上・第三十九章）

《質問》

「仁が孔門の中で最も重要なものとされるのはどういうことでしょうか？」

《回答》

「仁の徳は偉大なものである。その全体を一言でまとめていうならば、愛だね。君臣の間ではこれを義といい、父子の間では親といい、夫婦の間では別、兄弟の間では叙、朋友の間では信というが、これらはすべて愛から出るものなのだ」

慈愛の徳よりも大きいものはなく、むごたらしく思いやりのない心ほどいたましいものはない。孔門が仁を最上の徳とするのはこういう理由なのだよ」

＊

ここで童子の質問は忠信から仁へと移っていきます。仁斎は仁とはどういうものなのか、その基本的な考え方を解いています。そして結論として「君はまず主として忠信に努めなさい。そして『論語』『孟子』の二書を熟読して、内容のある道徳を求めようと心して時間をかければ、そのうちに自然と仁がわかってくるだろう。それを忘れて、また空理空論の世界に戻ってはいけないよ」とアドバイスするのです。

□理屈で考えようとするほどわからなくなるのが仁である

（巻の上・第四十章）

《質問》

「仁は理解するのが難しいといわれるのはどうしてですか？」

《回答》

「仁を行為として会得するのは本当に難しいことだが、知識として知るのは何も難しいことではないよ。ただ、みんな見当違いをして自分たちで理解し難いものにしてしまったのだ。昔の人の学問は徳に基づいた行為を行うことを重視したけれど、後世の人の学問はまず理を窮めることを主とした。理屈で考えようとしたために、かえって仁がわからなくなってしまったのだよ」

＊

元来、仁は愛に基づくものであって、人を慈しむ愛情よりも大きな徳はない。これは理屈ではなく、実に簡単にわかるはずのことなのだけれど、宋学では理を窮めることを先にしてしまったため、現実離れしたものになって、仁の意味が非常に抽象的になってしまったのだといっているのです。しかし「人間を進歩させる道はそんなところにはないよ」と。

また、仁斎は『語孟字義』において「仏教や道教が我々の儒教と異なるのは義を重んじるかどうかという点にあり、後代の儒者が聖人と違うのは仁を尊ぶかどうかにある」と述べています。これについて谷沢先生は、義というのは「当然しなければならぬことをきちんと為て、してはならぬことを為ない自己規律、その毅然たる姿勢」をいうものだと補足しています。そして、「釈迦は慈悲を教義とし、平等を以て道としている」けれど、「この理念に従うと、人倫の道に違う」ことになるといっています。

これはなぜかといえば、人間関係において重要なのは「親疎」（近しい人か遠い人か）と「秩序礼節」であって、ただ万人を平等に愛するというような抽象的なことをしているだけでは意味がないのです。やはり自分に近い人を愛するというのが当たり前の話であって、現実の問題としても「万人を平等に愛しましょう」といっても、親や子供、夫や妻に向ける愛と、その辺を歩いている見知らぬ人に対する愛は違って当然です。これは義理も同様で、会社やお世話になっている人に対する義理と、その辺の関係ない人に対する義理とは違います。

このように、人間社会には「親疎」と、それに応じた「秩序礼節」というものがあります。これを認めなければ、人の道は崩れてしまいます。仁斎のいう愛というのも、そうした人間関係を維持するためのものと考えていいでしょう。谷沢先生は「両親と赤の他人を平等に遇する者は人非人である。親疎の別を弁えない奴を人は信用しない」と痛烈に述べていますが、まさに仁斎はこういうことをいっているのです。

□知らないことには口を出さないのが君子というものだ
（巻の上・第四十一章）

《質問》

「学問は知を第一とすると聞いたことがあります。また今、先生は理を窮めることは仁を追究する上で妨げになるとおっしゃいました。これは論理的に矛盾していないでしょうか？」

《回答》

「書物を読んで道理を窮めようとするのは孔子門下では日常的な方法で、間違いとはいえないね。知は必要なものだけれど、入門をした最初から天下の書を読み尽くして道理を窮めてしまおうとするのは、聖人の学とはいえないよ。

朱子は『天下性外の物無し』（天下のものはすべて性の中にふくまれている）といい、

程頤は『性は即ち理なり』（性とは理にほかならない）**といっているけれど、一つの理という概念で天下のことを決定することはできない。孔子も『君子其の知らざる所に於て蓋闕如たり』**（すぐれた人間は自分の知らないことについては口出しをしないものだ）**といっているよ」**

＊

儒教の最上の徳は仁であると仁斎はいうけれど、一方で万物を貫く理（道理）を探求しようというときに仁は害になるともいっている。これは矛盾しているのではないか、と童子は聞いているわけです。

これに対して仁斎は知の大切さを認めながらも、知とか理とかで世の中のすべてを決定しようとする程顥・程頤や朱子の論説は天の道を殺してしまうようなものだと指摘するのです。それだけでは解明できないものがあるのではないか、と。

そして、その解明できない部分を担うものが仁なのだけれど、「彼ら（程顥・程頤・朱子など）のいう理ははなはだ微妙なもので、仁からは遠く離れている」「理によってしまう」仁を求めれば、ますます遠くなり、ますますわけのわからないものになってしまうというのです。仁を知ろうと思うのなら理屈を振り回すな、ということです。

◻仁は人道の大本であり、あらゆる善の要となる

（巻の上・第四十二章）

《質問》

「孔子や孟子の唱える仁とは、果たしてどういうものなのでしょうか？」

《回答》

「仁は人道の大本であり、あらゆる善の要となるものである。人道に仁義があるのは、天道に陰陽があるようなものだ。『孟子』にいうには『仁は人の安宅なり。義は人の正路なり』（仁は人間が最も安心していられる家であり、義は人間が最も自然に歩ける路である）と。この仁と義は切り離せないものなのだが、要となるのは仁なのだ。だから、孔子の弟子たちは仁をごく当たり前のことと考えて、その意味を問題にすることはなかったのだよ」

仁は人が生きるために身近にあるものなので、それが何かと問う必要もないというわけです。だから『論語』には仁を修得する方法は述べられているけれど、仁が正しいかどうかを問う者はいないと仁斎はいうのです。

*

では、義とはどういうものなのか。その意味を知りたいのならば『孟子』から入るのがいいと仁斎はいっています。『孟子』の公孫丑上篇には「惻隠の心は、仁の端なり。羞悪の心は、義の端なり。辞譲の心は、礼の端なり。是非の心は、智の端なり」（人のわざわいを見て、痛ましく思う心は仁の芽生えである。自分の悪事を恥じ、人の悪事を憎む心は義の芽生えである。自ら引き下がって他人に譲る心は礼の芽生えである。正しいものを正しいと認め、誤りを誤りと認める心は智の芽生えである）とあります。孟子は、この仁・義・礼・智を四端と呼んだわけです。

さらにこれに続けて「人が仁・義・礼・智の四端を持っているのは、体に四本の手足があるようなものである。それを押しひろげて充満することを知れば、燃え出した火や流れ出た泉が次第に大きくひろがっていくのと同じように、世界中を平和に保つことができるだろう」といっています。

この四端の説は『孟子』の一番の中心的なものになっています。これにより『論語』の中心的な徳目とされている仁・義・礼・智について、その内容を解き明かしているのです。つまり、『孟子』が『論語』の注釈書になっているということです。

□仁の根底にあるものは愛の心である

（巻の上・第四十六章）

《質問》

「孔孟が仁について論ずるときには愛という字と関係がないかのように話しているようですが、これはどういうことでしょう？」

《回答》

「愛の至ったところでは、たくさんの善行が自然に生じる。だから孟子は『惻隠の心は、仁の端なり』といっているのだ。また、それは泉がこんこんと湧き出して、渦を巻き、伏流となり、淵となり、早瀬となる。その不思議な形態はうまく形容できないけれど、元をたどればすべて同じ水の流れであるようなもので、関連しあっているだろう。だから仁者は、愛を心の基本とするのだ。愛ある心は自

然とおだやかになり、それゆえにゆったりとして寛容であり、ゆっくりしてせせこましくない。そういう心であるがゆえに、楽しんで心配がなく、どっしりとして落ち着きがあり、何をしてもすべてが良い方向に進み、行えば必ず得るものがある。これは仁の道が繋がり合い、関係しあって起こりうることなのだよ」

＊

仁斎は「仁とは愛である」といっているのですが、ここでは、特に愛という字を使わなくても、仁の根本には愛の心があるということをいっています。

この愛ある心の描写は、仁斎が自らのことを語っているような感じがします。その意味で、これは伊藤仁斎の自画像といっていいように思います。あとでご紹介する仁斎の逸話を見ても、ほかの人が仁斎について語っていることは、まさに「ゆったりとして寛容であり、ゆっくりしてせせこましくない。そういう心であるがゆえに、楽しんで心配がなく、どっしりとして落ち着きがあり、何をしてもすべてが良い方向に進み、行えば必ず得る」という姿なのです。

□覇者・桓公に仕えた管仲はなぜ仁者といわれるのか

（巻の上・第四十七章）

《質問》

「春秋時代の政治家である斉の管仲は覇者である桓公の家臣です。孟子も管仲が王道を知らないといって非難しています。しかし孔子は管仲を仁者として認めています。これはどうしてでしょうか？」

《回答》

「仁を体現した人物が行う利沢恩恵（利益や恵み）は、遠く後世にまで影響を及ぼすものである。『書経』には堯の仁について『四表に光れ被び、上下に格る』（その感化は四方に及び、天地に行き渡る）といっている。『詩経』には周の文王や武王の仁を讃えて『於戯前王忘れられず』といっている。同じように管仲の志の高

さも、はなはだ大きなものがある。

管仲が志したのは、こせこせした政治ではなく、斉を発展させることでもなく、緩んでいた秩序を立て直し、人民を救済して、利沢を後世に残すことだったのだ。だから孔子は『管仲がいなければ、今でも我々は髪を結わず、着物を左前に着て、野蛮人のようであったろう』といい、『桓公が九回も諸侯を集めるのに軍事力を用いなかったのは管仲の政治力である。それは管仲の仁のなせるわざだ』といったのだよ」

＊

この章では、これまでとは質問が一転して、覇者（王朝を正統に引き継ぐのではなく、武力や権謀を駆使して天下を奪い取る人のこと）に仕える仁者というものがありうるのかという質問がなされています。

この質問にある管仲の話は『論語』憲問篇の中に出てきます。確かに孔子はそこで管仲のことを褒めています。しかし、それに弟子の子路が反発をします。なぜかというと、管仲が担いだ桓公は異母兄である公子糾を殺して自らが王となっているのです。しかも管仲は公子糾のお守り役でもありました。公子糾が殺されたとき、管仲とどもに公子糾のお守り役を務めていた召忽という人は公子孫に殉じて自害しています。ところが管仲は自害もせず、公子糾を殺害した桓公のもとで宰相になっているのです。そんな人を仁者といっていいのですか、と子路は憤って孔子に問うているのです。

この管仲の話を『論語』で習ったとき、私も確かに違和感がありました。桓公が殺した公子糾は母親が違うとはいえ兄にあたる人ですし、管仲はその公子糾のお守り役だったわけですから。自分が守り役を務めた公子糾が殺されたのに、その殺した人に仕えて宰相になるというのは果たしていいことなのかと疑問に思ったのです。童子や子路の抱いた疑問と同じです。

子路から詰め寄られたとき、孔子は政治家みたいなことをいいます。「桓公は九回も諸侯を集めて会議を開いている。しかもそのときに軍事力を用いなかった。これは管仲の政治力の賜物であり、管仲に仁があった証拠である」と。つまり、戦争もしないで九回も諸侯を集めて話をまとめるようなことは誰にでもできることではない。それができたのは管仲の政治力に尽きる。そうした政治力を発揮できたのも管仲に仁があったからだ、と孔子はいったわけです。

別の機会に今度は子貢が問いました。

「管仲は仁者ではないでしょう。桓公が公子糾を殺したときに殉死しなかっただけでなく、殺した側の桓公の宰相になったのですから」と。

これに対して孔子は次のように答えています。

「管仲は桓公を輔佐して諸侯の旗頭とし、天下に秩序を整え正した。人民は今日に至るまで、そのおかげを蒙っている。管仲がいなければ、今でも我々は髪を結わず、着物を左前に着て、野蛮人のような恰好をしていたであろう。管仲が殉死するということは、無名の男女がつまらない義理立てをして溝の中で首をつって、知られることもなく終わるのとは話が違うのだ」と。

しかし、これはなかなか納得できる話でありません。これについて仁斎は回答にあるような答え方をして孔子が管仲を仁者といった理由を説明するのですが、この管仲についてはいろいろと問題視されていて、『童子問』においても再び管仲についての質問がなされています。

□仁者といってもさまざまなレベルがある

（巻の上・第四十九章）

《質問》
「管仲はなぜ宰相にとどまって、天子を輔佐する地位にまでは昇れなかったのですか？」

《回答》
「天子を輔佐しようという志があり、その才能があり、必要な学問があって、しかるのちに王道が行われるのだ。その志がなければ、天下を動かすことを自らの役割とすることはできない。その才能がなければ、大きな事柄を取り扱うことはできない。その学問がなければ、志と才能があったとしても取るに足りない小さな功績や利益をなすことがせいぜいで、大きな真理を実現させることはできない

のだ。

管仲には才能があったけれど、現実の政治に役立つまでの才能があったとはいえない。それは現実に即した学問、人間学が十分ではなかったからだ」

＊

管仲が宰相にとどまって天下に飛躍できなかったのは、管仲自身に限界があったからだ、といっているのです。

孔子は管仲を仁者といいましたが、それは政治力という物差しで見た場合のことなのです。管仲の政治力のおかげで小さな国が争わずにまとまり、人々の生活水準を高めたおかげで野蛮人から抜け出ることができた。そういう視点で見れば管仲は十分に仁者であるといえます。では、管仲はどうして皇帝の意を汲んで天下を動かすほどの地位につけなかったのかというと、それは管仲に人間学の勉強が足りなかったからだというのです。これはなかなか厳しい見方です。

仁斎がこういう見方をしたのは、孔子の管仲に対する一見矛盾ともいえる評価を童子につつかれたためではなかったかと私は想像しています。

□民に施した恩恵の大きさが仁者かどうかの規準となる

（巻の上・第五十章）

《質問》

「令尹子文（れいいんしぶん）、陳文子は仁者として認められていません。これはどういうわけですか？」

《回答》

「この二人に管仲ほどの志と才能があれば仁と称するべきである。子文は地位を利用して自らの保身をはかるようなことはせず、自分の後任に誠意をもって接して丁寧に引き継ぎをした。文子は家老が主君を殺した国を去って身の潔白を示した。ともに見るべき価値があるが、管仲のように利沢恩恵が人民に行き渡るような仕事はしなかった。それが子文は誠実、文子は清廉という評価にとどまった理由なのだ」

＊

令尹子文は孔子より百年ほど前の人で、春秋時代の楚の国の宰相です。令尹というのは宰相のことをいいます。陳文子は孔子より少し年上の斉の国の国老です。『論語』公冶長篇に、子張が孔子に令尹子文と陳文子について問う場面が出てきます。子文は楚の宰相に三度任命されたものの少しも喜んだ顔をせず、三度罷免されても特に失望した様子を見せなかった。また、前の宰相から受け継いだ政務を次の宰相にしっかり引き継いだと書かれています。一方の陳文子は、斉の家老の崔子が主君を殺したときに、財産をすべて捨てて斉を去り、他国へ行っても「この国にも崔子のような輩がいる」といってその国を去ったとあります。

子張はこの二人は仁者といえるかどうかと孔子に問いました。それに対して孔子は、「令尹子文は誠実な人物だが智者ではない。どうして仁者といえるだろうか」「陳文子は清廉な人物だが智者ではない。どうして仁者といえるだろうか」と答えています。童子はこの孔子の言葉を下敷きに、子文と文子の二人を仁者と認めないのはどうしてなのか、という問いを発しているのです。

これに対して仁斎は、仁者であるかどうかは民にどれだけ利沢恩恵を施したかどうかで決まるのだ、といっているのです。

□仁者の規準は私心の有無ではなく恩恵の多少である

（巻の上・第五十一章）

《質問》

「朱子は、子文・文子が仁者とされないのは万物の本体たる理に合致できず、自分のみを大切に思う私心を捨てきれなかったからだといっています。これはいかがでしょうか？」

《回答》

「そうは思わない。たとえ二人の行いが理に合致して私心がなかったとしても、それはただ誠実であり清廉であるというだけではないか。管仲が果たして理に合致して私心がなかったのかどうかはわからないが、孔子が仁を認めたのは、管仲の仕事によって民が利沢恩恵を受けたという点を見ていったものなのだ」

*

前章の繰り返しですが、要は民にうんと利沢恩恵を与える人は仁者であるというのが孔子の見方だと仁斎はいっています。

しかし、仁斎のこの説明に童子はなかなか納得できません。それもある意味では当然で、管仲が仁者であったかどうかについては昔から議論が続いているのです。さらに話は続きます。

□どれだけ役に立てば仁といえるか、その線引きは難しい

（巻の上・第五十二章）

《質問》

「聖人の仁と管仲の仁は同じものですか、違うものですか？」

《回答》

「同じものだ。堯舜の仁は大海のようにたっぷりと水を湛え、広々として向こう岸が見えないほどである。管仲の仁は、差し渡し数尺の井戸か泉のようなもので、見るほどのことはないと思えるけれど、日照りの年にはそこから水を引いて田畑を潤すくらいの役には立つ。量の多い少ないの違いはあるが、それが水ではないとはいえないだろう。

しかし、子文・文子の場合は、水瓶の水くらいのものだ。ありったけの力を出

して担いでも、せいぜい数斗の分量にしかならない。その使い道はごく限られている。これを水と呼ぶには不十分といわざるをえないだろうね」

＊

ここでも量の大小を問題にしています。分量の違いで徳が測られるというわけです。理想的な君主である堯舜の場合は、海のように広くて豊富に水があるのと同じであると。管仲の場合は井戸か泉程度の水で海の水に比べれば少ないが、日照りのときに田畑を潤すくらいのことはできる。ところが、子文・文子の場合は水瓶の水くらいの量しかないから、すぐになくなってしまう。これでは水とも呼べないだろうと。

これに対して堯舜と管仲の場合は海の水と井戸や泉ほど水量の違いはあるけれども、人々の役に立つという点では変わらない。だから、堯舜の仁と管仲の仁は同じであるというのです。

では、どのくらいの量があれば仁といえるのか、その線引きはなかなか難しいところです。あえていえば、ケース・バイ・ケースということになるでしょうか。谷沢先生は「孔子の考え方には、オール・オア・ナッシング、の冷酷さはなく、また百パーセント主義の重圧もない」と評しています。これがある意味では孔子の偉いところで、必ずしも白黒をつけないのです。現実というのは必ずしも白黒に分けられるものではない、という考えが孔子の根底にはあるのでしょう。

ここまで管仲の仁について繰り返し聞いてきた童子は、今度は管仲のことを仁者であるといった孔子そのものを問題とします。それが次の質問です。

□孔子の仁の大きさは管仲の数億倍でも足らない

（巻の上・第五十三章）

《質問》

「孔子の仁についてお尋ねします」と。

《回答》

「孔子は管仲の仁についてこういわれた。『民、今に至るまで、其の賜を受く。管仲(なかり)微せば、吾其れ髪を被り衽(えり)を左にせん』（民は今に至るまでその利沢恩恵を受けている。もしも管仲が現れなかったならば、今頃、我々は髪を結わず、衣装を左前に着ていたことだろう）と。では、その孔子ご自身の仁はどうかといえば、天下と同じように広大である。管仲より優れていること、数万倍数億倍どころではない。

孔子が出てから今日に至るまで二千有余年になるが、四つの海と中国全土の人

は皆、善を善として尊び、悪を悪として憎み、君臣・父子・夫婦・兄弟・朋友といった交わりや、それぞれの道徳秩序を正しくすることができた。また、着物を左前に着るような野蛮人にならずにすんだ。これらはすべて孔子のおかげである」

＊

管仲はその時代の民を潤したけれども、孔子は二千年以上もの間、シナ大陸の人間全体に道徳秩序の観念を与えてきたというのです。だから同じ仁でもスケールが違いますよ、といっているのです。

□仁に心は義によって行うことで確実なものになる

（巻の上・第五十六章）

《質問》

「仁が性であるとすると、仁が名ばかりの実用に適さないものになるとおっしゃいますが、それはどういう意味でしょうか？」

《回答》

「仁とは天下に誇る美徳であって、性とか情とかに分けられるべきものではない。もしも宋儒の説で論ずるならば、性は未発であり、情は已発である。性は水がまだ地中にあるようなものであり、情は源から湧き出ている泉のようなものである。水を通して導き、濁りを澄ませて人間の役に立つようにする治水工事は、すべて水が流れ出た後に行われるものであって、水が地中にある状態ではいかんともすることができない。仁・義・礼・智を性であるというのは、まだ水が地中にあって治水工事ができないのと同じ状態なのだ。

それゆえ後世の学問（朱子学）は、地中にあって手を付けられない仁義を存養（自らに備わった本質を見失わないようにすること）する必要はないといい、それとは別の一般的な教義を立てたわけだ。つまり、無欲主静（欲をなくして静を心の主とする）、明鏡止水（心が曇りのない鏡や動かない水のようにじっとしている）などといって、本来、性として存在している仁義を覆い隠しているものがあるから、これを取り去って仁義の本質に戻ろうとしたのだ。しかし仁義の徳といっても未発のものので実体のない概念なのだから、（朱子学者は）むしろ直接的に欲をなくすというほうがいいのではないだろうかね。

朱子は『集注』において『能く放心を求むるときは、則ち仁に違わず、義自ずから其の中に在り』といっている。これはおそらく、仁が心にあるときは、月が水に映っているようなものだといっているのだろう。波が静かであれば月の影は水面にはっきり映り、波があればその影は乱れる。この乱れを元に戻すためには、波立つように動揺した心を収めるしか手段はないというのだが、それは仁に身を

置いて義によって行おうとする努力を無にするものだ。月が見え隠れするのは水のせいであって、月には何も関係がないかのようではないか。
孟子はそうではないよ。孟子のいう放心とは、仁義という善良な心を逃がしてしまうことをいう。この心は、朱子のいうように、ものの道理がわからないまま、勝手気ままにでたらめをする者をいうのではないのだよ」

＊

話が転じて、この章では朱子学の誤りを仁斎が指摘します。仁斎の回答から朱子学の考え方には仏教、とりわけ禅宗の影響が大きいことがよくわかります。朱子学は禅宗の言葉ではなく、儒学の言葉で禅宗の内容を表現しているわけです。無欲主静も明鏡止水もまさにそういうことです。

これについて仁斎は「しかし朱子学に従えば仁義の徳といっても未発のもので実体のない概念なのだから、直接的に欲をなくすというほうがいいのではないか」といっています。朱子学者はあれこれ理屈をこねずに、それこそ禅宗みたいに座禅でも組んで無我の境地を求めればいいじゃないかと揶揄しているのです。

さらに仁斎は「放心」という言葉の定義について、朱子と孟子の違いを明らかにします。孟子は仁の心を確実なものにすることを放心といっているのであって、朱子のように心を静かにすれば仁に至るというようなことはいわないというのです。自分の心が静まればいいというのなら、それこそ人間関係を絶って寺にこもって一人で座禅をして悟りを開けばいいわけですが、そんなことをして人間社会にどんな益をもたらすことができるのかと。独りよがりの自己満足に過ぎないじゃないかと朱子の批判をしているわけです。

□孔子の教育の中心は仁であって中庸ではない

（巻の中・第四章）

《質問》

「程頤は『中庸は孔門教育の中心哲学である』といっていますが、どうお考えですか？」と。程頤は先にも出てきましたが、朱子の先生にあたる人です。

《回答》

「中庸という言葉は『論語』に初めて見られる。これは過不足なく日常行うべき道をいう言葉である。ただし、書物としての『中庸』は、『論語』の解説書の役割を果たしているというべきで、孔門の中心哲学とみなすのは間違いだ。中を以て伝授の中心とする話は聞いたことがないね」

＊

ここでは中庸という言葉について質問がなされていますが、仁斎は重大発言をしています。というのは、谷沢先生もいわれていますが、『大学』『中庸』『論語』『孟子』の四書は非常に高い権威があって、「清の乾隆帝が『四書全書』を編纂させるに至るまで、経典としての四書の権威は揺るがなかった」のです。その四書の一つである『中庸』について仁斎は、『論語』の解説書にすぎず、中庸を孔子の教育の中心哲学にするような話は聞いたことはない、といったのです。

同時に仁斎は、孔子門下の教育の中心哲学は仁であるということを明らかにしているのです。これは、学に対して仁斎が非常に厳格であるということを示す言葉といっていいと思います。

□王道は欲ある人間たちの社会で実現されてこそ意味がある

（巻の中・第九章）

《質問》
「朱子が王道を論じる際に、必ず『天理の極（きわみ）を尽くして、一毫人欲の私無し』（天から与えられた理の究極にまで達し、私的な人間の欲望をほんの少しも持たない）といいます。これは素晴らしい言葉だと思いますが、どうして孔子の王道の理念には適さないといわれるのでしょうか？」

《回答》
「天理を窮め尽くすなどということは、誰でもできることではない。私的な欲望を全く持たないなどということは、普通に肉体を持ち、人間の感情を持つ者にできることではない。聖人はそういうことで自らを治めようとはしていないし、そ

れを人に強いることもしていない。

**　すると朱子学者たちはこういうに違いない。『達磨や慧能という人たちが異端といわれてしまうのは、人倫（人間の社会関係）から離脱しているからである。もし彼らが人倫の中にあったならば、すぐに天理の極を尽してしまい、無私無欲となって、それ以上の努力はほとんど必要ないだろう』と。だが、達磨や慧能が人倫を棄てなかったとしても、それはただの達磨であり慧能であるにすぎない。聖人の心とは天と地ほどの差がある。『天理の極を尽して、一毫人欲の私無し』ということが孔子の王道の理念に適さないというのはそういうことだよ」**

＊

　朱子の王道論と孔子の王道論の違いについて童子が質問をしています。それに対して仁斎は、朱子がいっている『天理の極を尽して、一毫人欲の私無し』というのは砂上の楼閣のようなもので、非現実的だというのです。ここが仁斎の学問の重要なところです。あまり修行しすぎて全く欲がなくなってしまっては、それはもう人間とはいえないだろう、といっているのです。

　あとで述べるように、仁斎はかつて白骨観法という禅宗の修行を積みました。しかし、それを修めて完全に悟ると、現実が皆、夢のように見えるようになったというのです。そのとき仁斎は、こんな修行を積んでも何も意味がないということに気づき、仏教や、その影響を受けた朱子学から離れていくのです。

達磨や慧能は禅宗のお坊さんですから、彼らが『天理の極を尽くして、一毫人欲(いちごうじんよく)の私無し』という境地に達して悟りを開くことは結構なことです。しかし、それが王道だといってしまうと、誰もが達磨や慧能を目指さなくてはならないことになります。みんなが達磨や慧能のようになるとすれば、もう人倫というものは必要なくなってしまいます。

一方、孔子のいう王道とは「普通に肉体を持ち、人間の感情を持つ者」たちのいる社会の中で実現されるものです。仁斎はこの孔子の王道論を支持します。ゆえに、朱子の王道論は孔子の王道論の理念には適さないものだといっているのです。

この話は次の章にさらに展開していきます。

□欲望を捨てて人間らしさを失ってしまっては意味がない

（巻の中・第十章）

《質問》

「それならば儒家の王道は欲望を戒めないのでしょうか？」

《回答》

「そんなことはないよ。『書経』では『義を以て事を制し、礼を以て心を制す』（義によって事に節度を加え、礼によって心に節度を加える）といっているし、『孟子』には『君子は仁を以て心を存し、礼を以て心を存す』（君子は仁によって自分の心を保存し、礼によって自分の心を保存する）とある。礼儀によって節制したならば、情はそのまま道となり、欲はそのまま義となるのだ。だから情欲は忌み嫌うべきものではなくなるのだよ。

ただし、礼儀によって節制することなく、愛を断ち、情欲をなくそうとすると、まっすぐになりすぎて、かえって偏ってしまう。そうなると、人間らしさを失って、周囲への興味もなくなり、生きているのか死んでいるのかわからないというようなことになってしまうだろうね。

そのようにして情欲を消し去ることは人間にできることではないし、人間社会に共通した道ではない。だから聖人は情欲をなくすようなことはいわないし、自分でもしていないのだ。およそ天下国家の統治に役立たず、人間の日常生活の助けとならないようなものは、すべて邪説であり暴論というものだよ」

＊

欲がなくなったからといって〝生ける屍〟のようになってしまっては元も子もないということなのです。これも仁斎自身の白骨観法の体験からいっていることでしょう。

そして仁斎は、仏教や道教、後世の禅宗や儒教（朱子学）、高遠隠微の説といったものは、すべてそういった〝生ける屍〟をつくるたぐいのものであるというのです。

この答えを受けて、次章では儒者が政治に関与することの意味を童子が問います。

□儒者は王道を学び説くが、王道を行うものではない

（巻の中・第十一章）

《質問》

「王道の学はまことに大いなるものです。しかし今日、それは儒者がまっさきになすべき務めでしょうか？」

《回答》

「儒者にとっての王道とは、兵法の大家である孫子や呉子にとっての戦いのようなものであり、医学の大家である盧扁にとっての医術のようなものである。王道は儒家の専門の業であって、その学問は王道を本とする。

孔子の学は堯舜文武の道を明らかにしたものであり、孟子の説は孔子の学を明らかにしたものである。そのどちらも堯舜文武が天下を治めた道を学ぶのである。

これ以外に学問というものがあるだろうか。しかし、王道を主として学ぶのではあるが、王道を行うのではない。自己を修める、人を治める方法もまた、すべて王道から出ているものだ。だから孔子はいっているだろう。『君子は己を修めて以て百姓を安んず』（君子は自らを修養して万民を安らかにさせる）**と。また『一日も己に克て礼を復すれば、天下仁に帰す』**（一日でも身をつつしんで礼に立ち戻って行動すれば、天下はその仁に心を寄せるであろう）**と」**

＊

仁斎の生きていた当時の日本は徳川幕府の時代です。それゆえ政治は幕府が執り行うものであって、そこに儒者の関与する余地などないのではないか、もっとほかになすべきことがあるのではないのか、と童子は聞いたのです。

これに対して仁斎は、王道を学ぶことは儒家の本分であるとはっきりいっています。ただし、孔孟は王道の学であり、王道を説いているけれど、儒者自らが王道をなすということではないのだ、と。むしろ王様に王道を教えることが儒者の務めなのだということなのです。

□言葉数が多いのは要点がわかっていない証拠である

（巻の中・第十四章）

《質問》

「最近、世の中を秩序立て人民を救済するための経世済民の書が出ていますが、それは王道に関係あるでしょうか？」

《回答》

「物事の要を知る者の言説は簡単で要領を得ている。言語の多い者は要点がわかっていない。肝心な言葉はくどくどしていないというが、それは本当だ。馬氏の『文献通考』、丘氏の『大学衍義補』、馮氏の『経済類編』、章氏の『図書編』などは、それぞれ数百巻に及ぶ。これは王道というものがわかっていない証拠だね。

これに対して『大学』治国平天下の章や『中庸』哀公問政の章は、言葉数は数

百字にすぎない。しかし、王道の主旨がすべてふくまれていて漏れ落ちていることはない。これは要点を心得ているからなのだよ」

＊

多弁な者は役に立たないと仁斎はいっているわけです。元や明の時代には数百巻にも及ぶ本がたくさん出版されていますが、仁斎にいわせれば、そんなに数が膨大になるというのは王道を知らない証拠だというのです。

仁斎は『礼記』の大学篇を『大学定本』という本にまとめていますが、これはわずか六百八十九字で書かれています。また『礼記』の中庸篇をまとめた『中庸発揮』は百三十八字で記したといっています。要するに、核心を理解していれば重要なことだけを短い言葉数で端的に述べることができるというわけです。

さらに仁斎は『孟子』はことごとく王道を論じていて、しかもいろいろな方向から説明している、と褒めています。しかも、「すべての論議はただ仁の一字から引き出されている。約にして尽くせりというべきものである」と。これは「堯舜孔子の道を知る者でなければできない」ことである。だから『孟子』を読んで王道がわからないというのは論外である、というのです。

回『孟子』梁恵王篇を身につければ帝王の師にもなれる

（巻の中・第十五章）

《質問》

「孟子の王道を論じたものの中で、どの篇が最も詳しく明らかでしょうか？」

《回答》

「どの篇にも詳しく、どの章にも詳しい。だが、初めて学ぶのであれば、その時代の君主に説く目的で述べた梁恵王の篇がいいのではないか」

＊

この梁恵王の一篇は「孟子一生の事業備われり」、つまり孟子が一生かけて王道を追究した成果がすべてふくまれていると仁斎はいっています。

さらに、『史記』留侯世家に記されている漢の武帝を助けた張良が若いときに黄石公から「これを読めば王者の師になれる」といわれて本をもらったという故事にふれています。張良が授かった本がなんであったかということについてはいろいろな説があって、一説ではそれは太公望の『六韜三略（りくとうさんりゃく）』であったといわれているようです。その故事を念頭に「『六韜三略』のような兵法書で王の師となれるというのだから、『孟子』の梁恵王の一篇を熟読すれば王よりも上の位である帝王の師となることができるであろう」と仁斎は自信をもっていうのです。これは仁斎の極めて重要な『孟子』の評価だと思います。

☐人間の本質は現代も古代もそれほど変わらない

（巻の中・第二十一章）

《質問》

「朱子は『夏、殷、周の三代以前は、世の中のすべてが天理によって行われた。三代以降は、すべて人欲である』といっています。これはどうでしょうか？」

《回答》

「それは仁を持つ人の言葉ではないな。仁を心に持つ人は、それぞれの時代の通俗的な事柄を羨望する気持ちがそれほどない。だから、今と昔は違うといっても、それほど大きくは違わないだろうということを知っているのだ。仁の心を持たない人は、世間に対する不満が強い。かといって今の時代が昔のようにはなりえないことも知っているのだろう。

同じ時代に生きていても、心の持ち方が違うと志す方向が異なってくるということだね。後世にもきっと君子は生まれ出るだろうし、古代にだって小人がいなかったわけではないだろうに」

＊

人間学が発揮される場所であれば、良いといわれる時代であれ悪いといわれる時代であれ、通俗的な部分は変わっても本質はそれほど大きく変わるものではないということです。人間学は基本的な人間関係についての学問ですから、人間そのものが変わらない限り変わりようがないといっているのでしょう。

回賢人への尊敬心なく大きな成果を挙げた者はいない

（巻の中・第三十四章）

《質問》

「天下に最も貴き善とはなんでしょうか？」

《回答》

「賢人を大事にすることより貴い善はない。上は王・公爵から下は庶民に至るまで、いまだ賢人を尊ばずによく身を修め、四端の心を保って、大きな成果を挙げた者はいない。では、賢とは何かというと、それは自分より賢っている者すべてをいうのだ。ただし、賢ぶっているというのは学問のあるなしとは関係ないことだよ。

こうした賢者を尊ぶことはとても重要なことであって、万事の本になる。後世

の人々が古人に及ばない理由は、主として賢者への尊敬が欠けているところにある。時代が下がると賢を尊ばないだけではなく、賢人を妬み、あるいは侮り辱しめ、はなはだしくは世の中に認めさせないように邪魔をするようになってしまった」

*

世の中には良いことに敏感な人と、悪いことに敏感な人がいます。たとえば、田中角栄さんが多額の企業献金をもらったことを非常に問題視して、悪人であると敏感にいい立てる人がいる一方で、田中角栄がいたから日本中に道路ができ、道路ができたおかげで日本の自動車産業が興隆した、あるいは雪の多い地方に新幹線が通ったと、その功績をたたえる人もいます。同じ人物への評価でも、良いほうを見るか悪いほうを見るかは、その人の考え方次第で大きく変わってしまいます。

世の中には良いほうは全く見たくないという人もいるようです。そういう人は、立派な人に嫉妬をしたり侮辱するようなことをしたり、悪い噂を流して世に出るのを邪魔したりするというのです。しかし、人の足を引っ張るような者が世の中で成果を挙げたという話は聞いたことがないと仁斎はいっています。

谷沢先生は「まことの賢人は、世間の密室を突き進んで、その上へと飛翔する気力と才覚の持ち主」といっています。嫉妬や噂に挫けるようでは本当の賢人にはなれないということでしょう。これもまた真実であると思います。

□孝は愛によって支えられ、愛は従順を旨とする

（巻の中・第三十六章）

《質問》

「孝について聞かせてください」

《回答》

「孝は愛を以て本とする。愛するときは従順である。従順であれば、すべての徳行が成就する。従順とは父母の心に逆らわないことだ。自分の親を愛さないで、他人を愛することを悖徳（はいとく）という。また、自分の親に従順でないのに他人に従順なことを逆徳という」

＊

この章では親孝行の問題についてふれていますが、仁斎は非常に厳しいといってい

いでしょう。逆にいえば、シナ大陸に文明国が続いたのは、この厳しい孝が続いたからでもあるのです。シナ大陸では支配民族がしょっちゅう変わりました。近い例でも、満洲族の清が統治をしました。そのずっと前には蒙古族の元が統治をしました。さらに古い時代になると、いろいろな異民族が入り込んで統治をしているのです。

そういう中にあって、いわゆるシナ人（漢人）といわれる民族が続いてきたのは、孝という概念で家を守っていたからです。シナ人は非常に不思議な民族で、日本が統治していたときもそれほど抵抗をしませんでした。それどころか、西欧の国々に比べて日本の統治は評判が良かったほどです。その証拠に、日本はわずかな人数で八年間もシナを統治していたのです。実は彼らにしてみれば、自分の家が守られるのであれば、統治者は誰でも構わなかったのです。

ところが、そうした家中心のシナの社会を壊したのが共産党でした。共産革命というのは文字通り革命で、シナの伝統的な家を破壊していったのです。文化大革命の時代には、子供が親を告発するというような、それ以前には考えられなかったような事態が起こりました。それによってシナ人の基盤となっていた家が壊されてしまったわけです。

□先生を選ぶなら一流の人を選ばなくてはいけない

（巻の中・第四十二章）

《質問》

「師を求める方法を教えてください」

《回答》

「病気を治すには良医を求めるべきである。藪医者にまかせてはならない。最初の治療法を間違えてしまうと、あらゆる良医を集めたとしても、悪くなった後始末を上手にすることは難しいからだ。道を学ぼうとする者は、これと同じように一流の人を選んでこれを師とするのがいいだろうね」

＊

ここで問われているのは先生の選び方です。よくある質問ですが、大切なことです。

この質問に仁斎は医者を選ぶことを例に答えています。先生を選ぶのも医者を選ぶのと同じで、一流を選べ、といっているのです。

このたとえですべてをいい尽くしていると思いますが、私の経験上、学問で名を成した人を見ると、必ずといっていいほど優秀な先生についています。先生の如何を問わず突然のように優れた人が出る場合も全くないとはいえませんが、私の知る限り、いい先生でなければいい弟子は育ちません。私自身も佐藤順太先生がいなければ勉強をする気になったかどうか疑わしいと今でも思います。

いい先生の規準は人によって違うと思いますが、求める気持ちがあれば、必ずピントが合う師との出会いがあるような気がします。求める気がなければ、そもそも出会いはありません。自分の道を徹底的に追求したいという強い気持ちがあること、これが良き師と出会う前提条件になっているように思います。

□偉くなるほど悪口をいわれる、気にすることはない

（巻の中・第五十四章）

《質問》

「褒めたり貶（けな）したりする声が聞こえてきます。そのたびに喜んだり落ち込んだりしてしまいます。どうすればいいでしょうか？」

《回答》

「毀誉褒貶（きよほうへん）は世に立つ者の常だから、一喜一憂するほどのことではないよ。『孟子』尽心下篇に『士は増々茲（ますますここ）に多口せらる』（士であればこそ、いっそうみんなからあれこれと悪口をいわれる）とある。『孟子』の注釈者である後漢の趙岐は『士為（た）る者は、益々多く衆口の為に訕（そし）らる』と書いている。

士たる者は必ず志を持ち、義を持っている。それがある程度まで高まり、見識

を有するようになると、独り立ちして他人にかまわず行動するようになり、平凡な人に迎合しなくなる。それが悪口をいわれる理由だろうね」

＊

この章もまた非常にわかりやすい話で、悪口をいわれたときにどうすればいいのかという質問です。幼稚な質問ですが、仁斎は丁寧に答えています。

結論からいえば、偉くなるほど悪口をいわれるものだから、気にすることはないというわけです。実際、政治家などは悪口を気にしていたら何もできないでしょう。

この悪口の問題は今の世の中でも何も変わることはないと思われます。そして、悪口をいわれて心の平静を保つ一番の方法は、やはり仁斎のいうように〝気にしないこと〟です。どうしても気になるというのなら気にするなとはいえませんが、腐らないようにすることが大切です。

そのとき非常に簡単で効果のある方法は、「古の賢人でも悪口をいわれたんだ。それでソクラテスは死刑になったし、キリストは殺された。でも、自分は殺されるわけではないからな」と偉人の話を思い出して、それに比べれば……と考えることでしょう。

□学問の要は絶えず反省するところにある

（巻の中・第五十六章）

《質問》

「学問の要点とはなんでしょうか?」

《回答》

「学問の要点は、自分が学問に志した原因を自分に問うて、その道を外れていないかと反省することである。

『中庸』にいうには『弓道は君子の行為に似ているところがある。的に当たらないときは、その原因を振り返って自分自身の射る方法を探し求めることである』と。また『孟子』にいうには『仁者は弓道のようなものだ。弓を射る者は自分の姿勢を正しくして矢を放つ。放って命中しなくても、自分に勝った者を怨まずに、

原因を振り返って自分の射方を探し求めるだけである』と。この反求（己に反って求める）**ということは、一生涯ずっと用いても使いきれないほどのものである」**

＊

学問の要点とは何か――素朴ではありますが、しばしば問われることかもしれません。そして仁斎の答えは、うまくいったかどうかではなく、絶えず反省するところにある、と。いくら反省をしても、しきれないものだ、というのです。これは学に志す者なら誰でも覚えておきたいことです。

□最も大切なことは人間関係の中でいかによく生きるかである

（巻の中・第七十一章）

《質問》

「心学には先生の批判されている性や理の研究という意味をふくみませんから、問題はないように思いますが、どう思われますか？」

《回答》

「問題がないとはいえないね。心学と称するものも禅学から発しているものだ。禅家は自らの法を性宗（性理学）や空宗（仏教）と区別するために心宗と名付けている。自分の本性を研究する性学というのも禅学からきている。そもそも宋代の理学といわれる新しい儒学の一派は、それまでの記誦記章の学（経書の暗記や美文の制作を第一とする学問。宋学者が漢代から唐代までの学風を非難して名付けた名称）を否

定して、創（はじ）めて理学の名を建てて世に看板を掲げたのだ。しかしそれは聖人の道を行くものではない。また禅者はもっぱら自分の心についての研究につとめるのみだったではないか」

＊

ここでいう心学は宋の陸象山や明の王陽明が唱えたもので、心の修養を重視して、その修養法を説きました。石田梅岩の「心学」とは違います。童子が心学の是非を持ち出したのには理由があります。というのは、当時、伊藤仁斎自身をはじめ中江藤樹など、朱子学・宋学に批判的な人たちが王陽明の影響を受けているのではないかという批判があったのです。王陽明は知行合一で行動を重んじていましたから、それが仁斎の学問と相通じるのではないかと童子は聞いているわけです。

ところが、仁斎は「違う」とはっきりいっています。要するに、理学とか性理学といわれる宋代の学問は、ただその前にあった学問を否定するところからはじめようとしているだけではないかと。それは仁斎の古義学のように徹底的な読書と思考によって生まれた学問とは出自が全く違うというわけです。

そしてまた仁斎は仏教の批判をし、王陽明にも仏教的な影響があるといって批判をします。仁斎の仏教批判の根底にあるのは「仏者は一身上の修行として道を見る」という点です。単に自分のための修行ではないかというわけです。その極端なのが先にも述べた達磨です。聖人は「天下の立場から道とは何かを見る」から「徳を貴ぶけれども、私心は貴ばない」が、仏者は「一身上から道を見るから、自分の心については知っているが徳については知らない」というわけです。

この徳というのは、仁斎の場合は常に、君臣・親子・兄弟・夫婦・朋友といったような人間関係にかかわる徳をいっています。ところが宋学や禅家の人はむしろ人間関係を離れて、一個人のみを問題にしようとするのです。だから、聖人の学とは天地雲泥の差となるのだといっているわけです。

自分が悟りを開くのは悪いことではないけれども、それは聖人の道ではない。仁斎が求めたのは、人間関係の中でいかによく生きるかということです。人間を離れて人の道があるわけではないというのが終始一貫した仁斎の主張なのです。

人間社会を抜きにした学問にどれだけの価値があるのかと仁斎は問いかけているのです。自分の心を磨くのもいいが、それは人間社会に貢献するためのものでなければ意味がないのではないか、と。だから孟子の仁義が大切なのである、と。

人間はともすれば現実の苦しさから目を背け、できもしない理想を追い求めようとしがちです。しかし、そのようにして時間ばかりすぎて、自らが少しも前に進まないというのでは生きている意味がないのではないかと仁斎はいっているのです。

このように、常に現実を見て、観念に陥らないようにしようとする仁斎の考え方にふれると、一歩でも二歩でも前に足を踏み出し、少しでも立派になろうという気持ちにさせられます。

今年、日本は戦後七十年を迎えました。ここに来てようやく、日本人は空虚な理想論から抜け出して現実に目を向けはじめたかのように見えます。こうした時代の変わり目にあって、伊藤仁斎は今再び光をあてるべき重要な思想家であると思うのです。

【Ⅲ】名言で整理する『童子問』のポイント

本章では『童子問』の中から私が共感する言葉をいくつか抜き出して紹介していきたいと思います。すでにふれてきた内容もふくみますが、伊藤仁斎の考え方を整理するために役立てていただければと思います。

◉『論語』と『孟子』の順序関係

『論語』は専ら教（おしえ）を言いて、道其の中に在り。『孟子』は専ら道を言いて、教其の中に在り。其の所謂性善と云う者は、本（もと）自暴自棄の者の為に之を発す。亦教なり。『論語』には専ら教を以て主と為（す）。故に性の美悪、論ぜざる所に在り。（巻の上・第十二章）

これはわりと難しいことをいっています。ところが、これは孟子がいったとするとよくわかるのです。孟子というと性善説と思いがちですが、孟子は決して世の中がいうように性善説を唱えたわけではありません。孟子がいおうとしたのは、自暴自棄になるような人はだめだが、普通の人間はいいところを伸ばすことができるということです。これは孟子の拡充論という非常に重要な考え方です。人間の生まれたときの性格のうちの、いいところは伸ばすことができるという意味で、孟子は性善説なのです。ところが、はじめから伸ばす気持ちがない人はダメであると。それは自暴自棄になるようなもので、そういう人は伸ばすことはできない。この主張は非常に明快です。

だから『論語』の中に道があるというのは、そこではただ道を教えているだけであるということをいっています。ところが『孟子』は『論語』の教えをわかりやすく説いたから、その説いた中に道があったというわけです。『論語』と『孟子』はそういう順序関係にあるというのが仁斎の考えです。

『論語』は道を教えるだけだったから、性悪だとか性善だとかいう必要はなかったのです。強いて探せば『論語』には「性相近し、習えば相遠し」という言葉があります。生まれつきは似ているけれども、学問をするかしないかによって遠く離れますよ、と。習いというのは習慣という意味にもとれますが、意味的には「学問するか、しないか」と考えてもいいでしょう。この場合の「学問」も今の言葉で言えば「人間学」のことです。

◉「拡充」と「存養」

苟しくも学以て之を明らかにし、養以て之を充つるときは、則ち皆以て悪を変じて善と為すべし。故に性の善悪は、置いて論ぜず。此れ『論語』の専ら教を言いて性を道わざる所以なり。『孟子』は性善を道うと雖も、徒らに其の理を論ぜず、必ず拡充と曰い、必ず存養と曰う。

（巻の上・第十二章）

前の言葉に続いて出てくる言葉です。このあたりも朱子学者は難しく議論して、形而上学的になってわけのわからないところがあります。

「性の善悪は、置いて論ぜず」とありますが、これは前項でも述べたように『論語』は教えるだけでなまじっか理屈なんかいわない、性善とか性悪ということはいわないということです。一方、『孟子』は性善とか性悪といっているけれど、それをいたずらに理論化しようとはせず、ただ自らを良い方向に導くために、「拡充」（自らの美質を発育成長させること）とか「存養」（自らに備わった本質を見失わないこと）ということを述べています。

孟子が性善説とされるのは、荀子という思想家が性善説と性悪説を並べて、自らの主張として性悪説を並べたついでに、孟子の論を性善説として勝手にレッテル張りをしただけであって、実際に孟子が性善説を唱えたというわけではないのです。

孟子は、人の心には生まれたときからかわいそうだと思う気持ち、恥ずかしい気持ち、礼儀正しくしなければならないという気持ち、そして善悪を感じる力があるのだといっています。いわゆる惻隠、羞悪、辞譲、是非の心があるというのです。この四つの心を孟子は四端といっています。この四端を拡充し存養すればいいのだといっているわけです。だから孟子は性善説というよりも拡充論なのです。性が善か悪かよりも、拡充できるかできないかが問題なのです。拡充できない人に性善を説いたところで何もはじまらないということです。

孟子は、生まれた人間を善悪で分けるようなことははじめからしないのです。性はいかんともし難いなどということも考えません。これを孔子の言葉でいうならば、教えが重要なのだということです。「性相近し、習えば相遠し」というのが孔子の考え方なのです。この孔子の考え方を拡充すれば孟子になるわけです。

わかりやすくいえば、孟子は孔子のいったことを詳しく、より具体的に表現しているわけです。人間の性には四端――惻隠、羞悪、辞譲、是非――の能力がある、これを拡充すれば良い人間になれるのだ、と。孔子はそんな小難しいことはいわないで、「性相近し、習い相遠し」と結論的にいう。『論語』を理解するために『孟子』から入るとわかりやすいと仁斎がいうのはこういう理由です。すなわち孔子がいっていることについて、なぜそういえるのかを解説していったのが孟子なのです。仁斎はインターナル・エビデンス派ですから、朱子を徹底的に読み込んで、孟子が一番孔子を理解した人だと考えたわけです。

◉現実を肯定する

富貴爵禄は、皆人事の無くんばあるべからざる所の者、只当(まさ)に礼儀を弁ずべし。豈(あに)徒らに以て外物と為(し)て之を厭(いと)うべけんや。子猶(しなお)旧見に泥(なず)めり。厳に此の意を洗滌(せんでき)せずんば、後来必ず人事を厭い、枯寂(こじゃく)を楽しみ、日用に遠ざかって人倫を廃するに至らん。（巻の上・第二十三章）

ここでは社会の富貴爵禄というものは、なければだめなものだといっています。そういうことを厭って、枯寂を楽しみ、日用に遠ざかるというのは、人倫を廃することであるというのです。

これは仁斎が仏教を批判する基になっています。当時は禅宗などがはやっていたわけですが、禅宗において極地に到達すれば、俗世・俗事から離れて、枯寂を楽しみ、日用に遠ざかることになってしまう。しかし、それでは孔子のいうような人間の道を発揮することができないと仁斎はいうのです。人倫に遠ざかるものである、と。

これは仁斎が一番嫌ったことの一つです。朱子の本を徹底的に読み込んで、宋学には「明鏡止水」というような立派な言葉があるけれど、そうしたものはみな仏教から入ってきたものだということを仁斎は発見したのです。そして、仏教の偉そうな言葉に引っ張られるな、と警鐘を鳴らしているのです。というのは、仁斎自身の体験によるものです。

仁斎は若い頃、「敬」という言葉を非常に尊敬して、自らを「敬斎」と呼んでいたことがあります。また、静修という在り方、すなわち座禅みたいなことを非常に重んじて、十年近く一人で引き籠もった時期もありました。しかし、その後いろいろな体験を積むうちに、そういうことは人倫に反するものだと気づくのです。確かに枯寂を楽しみ、日常にあって澄まして棲むような生き方もあるけれども、それは儒教の教える道ではないというのです。

富貴爵禄というと、いかにも俗にまみれているように思うかもしれないけれど、表彰や昇進というものによって励まされる人も現実にはいるのだから、そういうものを否定してはいけない。仁斎はここで仏教の一番の根底であるところの悟りの境地を否定しているのです。

◉卑近を大切にする

卑きときは則ち自から実なり。高きときは則ち必ず虚なり。故に学問は卑近を厭うこと無し。卑近を忽にする者は、道を識る者に非ず。（巻の上・第二十四章）

この卑近という言葉は、谷沢先生によると「仁斎語」だそうです。恰好をつけないという意味で、謙虚で平静である人のほうが内容は豊かであると仁斎は考えているのです。その反対に居丈高で高飛車な態度の人は外面だけで中身がない、虚ろであるというのです。だから、粗衣粗食を嫌がるような者が学問をしたところでものにはならない。卑近であることをバカにして見た目ばかり気にするような人ではだめだといっているのです。

仁斎のいう卑近とは、親を大切にし、子供と仲良くし、人との付き合いには誠を尽くすというようなことです。実際、仁斎は徹底的に親孝行でしたし、徹底的に子供をよく教育しました。また、友人には身分の高い人もいれば低い人もいて、変わりなく付き合っていました。

逆にいうと、そうした徳の持ち主であったからこそ、身分の高い公家の人々が民間人である仁斎を相手にしたのでしょう。本来であれば、当時の公家が民間人を相手にするようなことはなかったはずです。それから当時の京都の文化人たち、大金持ちたちも仁斎と席を共にすることを楽しみました。これは親類関係のツテもあったのでしょうが、仁斎の人柄や学識が彼らを引きつけたこともあったでしょう。

湯浅常山の『文會雑記』の上巻には次のような話があります。これは、仁斎に面会した人がいった話だということですが、その人のいうには、「仁斎は何となく一所に居りたき人なり、されども太山の如くにて中々動かし難き人と思わるるなり」と。

こうした人物評を聞くにつけ、外面だけがいいような偽物の学者ではなく、仁斎は教養豊かな本物の知識人であったと思うのです。

◉善教、善道の要件

人に語って知り難き者は善教に非ず、人を導いて従い難き者は善道に非ず。（巻の上・第二十七章）

これは「話しても難しくて理解できないようなものは教えとしてはだめなものであるし、人を導こうとしてもついてくることのできないようなものは良い道とはいえない」ということをいっています。

たとえば、会津藩の「うそをいうことはなりませぬ」「卑怯な振舞をしてはなりませぬ」「弱い者をいじめてはなりませぬ」といった什（じゅう）の掟（おきて）というようなものはわかりやすくていい教えなのです。あるいは教育勅語の「親には孝行しなさい」「兄弟は仲良くしなさい」といったものも、これほどわかりやすい教えはありません。要するに、教えというものは、先に挙げた〝卑近〟が重要なのです。

逆に、「断食をやれ」というようなことは、いいことかもしれませんが、普通の人はなかなか従い難い。そういうのは、いい教えであっても、いい道とはいえないだろう、と仁斎はいっているのです。誰もが日常の生活の中でできるもの、そして少し努力すれば達成できるようなこと、それを教えることが孔子の道であり、重要なことなのだというわけです。

◉私欲は必要なもの

蓋し天理の極を尽くすは、人々の能くする所に非ず、一毫人欲の私無きは、亦形骸を具え人情有る者の能く為る所に非ず。（巻の中・第九条）

人間というものはあまり立派なことはできない。私を捨てて欲のないのは立派だというけれども、人間には人情というものがあるのだから、それを全部捨ててやることは決して強制してはいけない、ということをいっています。

仁斎がこの悟りに至ったのは、何度かふれた白骨観法の修行をしたことがきっかけになっていると思われます。それをやってみて、こんなのはだめだろうと思ったのです。人間には人情がある。修行だからといって、それを捨てよと教えるのは無理だというわけです。

だから仁斎は、当時商売をやっているような人に対しても耳を傾けることができたのです。私情を挟んではいけないとか、欲を持ってはいけないというような、一般の人がなかなかできないようなことをやれというような教えはよくないということです。

◉約にして尽くせり

其の要を知る者は、言必ず約なり。其の言多き者は、必ず要を知らず。所詮要言煩わしからずと、是なり。馬氏が『通考』、丘氏が『衍義補』、馮氏が『類編』、章氏が『図書編』の若き、其の書皆数百巻、此れ其の適に王道を識らざる所以なり。『大学』治国平天下の章、『中庸』哀公問政の章、其の言皆数百字に過ぎず、王道の旨、包括遺すこと無し。其の要を得ればなり。『孟子』の一部、其の王道を論ずる、横説竪説、千変万化、皆一の仁の字より紬繹し来る。約にして尽くせりと謂うべし。実に堯舜孔子の道を知る者に非ずんば、豈能く然らんや。苟しくも『孟子』を読んで、王道を識らずんば、所謂多しと雖ども亦奚を以てか為んという者なり。（巻の中・第十四章）

第五章でもふれましたが、「要点というものは必ず簡単な言葉で表現できる」ということをいっています。言葉を尽して縷々述べるというのは要点がわかっていないからなのだ、と。その例としては馬氏の『通考』、丘氏の『衍義補』、馮氏の『類編』、章氏の『図書編』などがあるというわけです。これらは皆、数百巻にも及んでいる。それは王道がわかっていないからだと。これに比べて『大学』の治国平天下の章、『中庸』の哀公問政の章などのように最も重要な箇所は、漢字にして僅か数百字で表されている。これは、要点がしっかりわかっているからであるというわけです。

『孟子』の一部でも王道を論じているけれども、どれも簡単なもので、これ以上ないというほど要約されている。だから、あまり難しいことをいうのはわかっていない証拠なのです。役に立たないことを倫理としてあげたところで全く意味がないわけです。

このようにしてみると、仁斎にとっての儒学とは一言すれば「教育勅語の如し」といえるように思います。教育勅語くらい、簡単にして世に出たものはありません。もしも仁斎が教育勅語を見たら、「ああ、儒学はここに極まれり」といったはずです。

その教育勅語を作ったのは内閣法制局長官であった井上毅と明治天皇側近で儒学者の元田永孚（もとだながざね）です。教育勅語の一番の主旨は道徳心の涵養にあったわけですが、起草を担当した井上毅は宗教色のない万人に通用する道徳律を作り上げることを目指しました。立憲主義のもと近代化を果たした日本が、教育勅語によって海外からおかしな宗教国家になったと見られることを井上は恐れたのです。

だから元田永孚に相談をして、どこの国から見ても文句が来ないような、宗教の匂いのしない、また特定の学問の匂いのしない、古今東西を通じて間違いのない公明正大な徳目を並べたのです。たとえば「父母に孝に、兄弟に友に相和し」というのであれば、誰もが納得できるものであり、文句のつけようもないわけです。

教育勅語は英訳、仏訳、独訳、漢訳の四種類が出ましたが、実際にどこの国からも非難されることはありませんでした。それどころか賛嘆の声が上がり、アメリカやイギリスでは、教育勅語の内容を国民の教化に利用するまでになったのです。

こういう点で、孔子の教えとは簡単で誰でも日常の中でできるものとする伊藤仁斎の考え方は、教育勅語の主旨と似ているなと感じます。『童子問』に網羅された仁斎の「日本人の論語」をより一般化したものが教育勅語であったといってもいいのではないでしょうか。

第二部　伊藤仁斎の人生と学問

#【I】日本人の儒学を確立した伊藤仁斎

◉人間の生き方を追究しようとした東西の賢人たち

今日、学問の幅が非常に広くなって、一口では定義できなくなっています。たとえば私が上智大学に入った頃は、英文学科なのに、一般教養として数学・化学・物理学・生物学・社会学等々がすべて必修科目になっていました。今の時代はこれらもすべて学問ですが、昔の学問はただ一つ、人間学だけでした。学に志す人たちは皆、人間として従うべき道を学んでいたのです。

不思議なのは、人間には何か従うべき道があるのではないかということに、世界各地でおおよそ同じ時代に生きていた何人かが一斉に気づいたことです。それは孔子、釈迦、ソクラテスといった人たちですが、孔子が生きたのは紀元前五五一年から紀元前四七九年、ソクラテスは紀元前四七〇年から紀元前三九九年、釈迦は紀元前五六六年から紀元前四八六年ですから、年代で見ると三人の生きた時代は少しずつ重なっているわけです。

これは驚くべき事実です。キリストの生誕が紀元〇年ということになっていますが、それよりも五百年ほど前の時代に、ユーラシア大陸の東に孔子、西にソクラテス、南に釈迦が現れ、「人間の道とは何か」ということに意識的に気づいて、それぞれの言葉で表現しているのです。孔子は自分が生まれた周の時代の文明を非常に高く評価しました。その周の時代の文明から儒教が出ています。そして、古代ギリシャ文明の栄えた社会からソクラテスが出て、古代インド文明の栄えた社会から釈迦が出るわけです。

◉周の文明を伝えるために孔子がまとめた五経

孔子は周の時代の文明は非常に優れていると考えていましたが、孔子自身が生まれた頃には、それが下り坂になったように感じていました。それは歴史的区分でいうと春秋と呼ばれる時代です（前七二二～前四八一）。孔子は周の文明が消えていくのを恐れました。そこで自らの手によって周の文明を後世に残そうと考えたのです。

孔子は『論語』述而（じゅつじ）篇の中で「述べて作らず、信じて古を好む。竊（ひそ）かに我が老彭（ろうほう）に比す」と、その決意を述べています。これはつまり、下り坂になっていく周の文明を書き残すのであって、決して自分がつくり上げたものではない、ということをいっているのです。孔子は周の文明は人間の道が実現された時代だと考えましたが、その要諦を書物にまとめるといったような意識的な表現は何もなされていませんでした。それを成し遂げたのが孔子であり、そうしてできあがったのが『易経』『書経』『詩経』『礼記』『春秋』の五経だったのです。

また孔子亡き後、孔子の教えを非常に明らかに表したのが孟子です。孟子の生没年は紀元前三七二年から紀元前二八九年ですから、孔子の死後だいたい百年遅れて生まれたことになります。当時は戦国といわれる時代でした（前四〇三～前二二一）。孟子が出た後、孔子の学問は儒学と呼ばれるようになり、今日に至るまで人間の生きるべき道を探究する人間学として研究されてきています。

◉仏教よりも前にはじまった儒教と日本人のかかわり

孔子の学問が日本に入ってきたのは古い時代でしたが、当時は大した研究はされませんでした。『論語』を日本にもたらしたのは王仁（和邇吉師）という百済の学者です。

『日本書紀』によると第十五代応神天皇の十六年に渡来したとあり、『古事記』によると、このときに『論語』十巻と「千字文」一巻を献上したと記されています。年代でいうと四世紀末から五世紀初頭の頃と考えられます。ちなみに仏教が伝来したのは第二十九代欽明天皇の時代の五三八年で、仏像と経文が伝わったのが五五二年とされていますから、それよりも百年以上も古いことになります。

その後、儒教は宮廷の博士家で研究されましたが、一般に広まることはありませんでした。そのうち日本も戦国時代になりますと学問をする暇もなくなり、儒学的な学問は鎌倉五山の禅宗の僧を中心として行われるようになりました。

日本で儒学が本格的に学ばれるようになったのは、豊臣秀吉の朝鮮出兵の頃です。秀吉は「朝鮮征伐」のとき、本当は自らが総司令官として出陣したかったようですが、それはかないませんでした。代わりに前田利家や徳川家康を送ればよかったのに、それもしませんでした。両名とももう年を取っていましたから、出るのを嫌ったのかもしれません。

また、その頃の家康は徳川家の時代の到来を密かに予感していたのではないかと思われます。というのは、朝鮮出兵の頃から治国、すなわち国を治めるための勉強をはじめているのです。つまり儒学の勉強です。

このときに家康の先生になったのが林羅山（一五八三〜一六五七）です。この林羅山という人は抜群の記憶力の持ち主でした。林家は徳川家が幕府を開くと、羅山、その子の鵞峰、その次の鳳岡と三代続いて幕府の学問の宗家になりました。幕府の学問所である昌平黌をつくり、それが幕末まで続きました。

羅山の学問は先生である藤原惺窩（一五六一〜一六一九）から受け継いだもので、学問の系統からいうと朱子学と呼ばれるものです。朱子学は南宋の朱熹（朱子）がそれ以前の儒学を新しい解釈によって再構築したものでした。徳川家が官学として採用したのは、この藤原惺窩、林羅山の系統の学問である朱子学であったわけです。

◉朱子学の解釈を巡って争いが起きた李朝朝鮮

シナでは孔子が没した以後も五経の研究が盛んに行われていました。そして、南宋の時代に朱子という途轍もなく偉い学者が出ました。朱子は孔子の死後、約二千年後（正確にいえば千九百八十二年後）に生まれた方ですが、この人が儒学を一変させたといわれます。

朱子学は朝鮮にも日本より早く伝わり、李退渓（一五〇一～一五七〇）という大学者が出ました。この李退渓の学問が重んじられて李朝は終わりまで朱子学一本で、他の研究は許されませんでした。両班（ヤンバン）といわれる貴族階級の人たちの中からは、朱子学を学んだことによって落ち着きのある学者が出ました。当時朝鮮に行った人は朝鮮を「明け方の静かな国」と評するほどで、それは朱子学者たちの功績が大きかったといえるでしょう。

しかし、一方では朱子学しか学問がなかったために、その小さな解釈の違いが党派と結びついて勢力争いにまで発展して、敵対者を殺すような事態も起こりました。

◉日本独特の儒学を確立した四人の儒学者

先に述べたように、日本でも朱子学は幕府の学問として明治に至るまで続きますが、日本の場合は朱子学一本とはいかず、十七世紀の中庸から末にかけて儒教の中に古学というものが現れました。古学は、朱子学が孔子の教えから少しずれているのではないかという疑問に基づいて、孔子そのものの教えに戻ろうとする運動です。ここから朱子学離れが起こり、日本独特の儒学が誕生することになったのです。

　シナから独立させて日本の儒学を確立したという功績で、明治四十年十二月二十三日に、江戸時代の四人の儒学者に正四位という高い位が追贈されました。明治というのは面白い時代で、歴史を振り返って「この人は日本のために働いた偉い人だった」と認めた人たちに位を追贈しているのです。

　たとえば元寇のときの鎌倉幕府の執権であった北条時宗は、正五位という低い位でしたが、元の大軍から日本を守ったということが評価されて、明治になって従一位という非常に高い位が追贈されています。ちょうどその頃、日本はロシアと日露戦争を戦っていて大変な国難に直面していました。そのときに元寇と戦った北条時宗の苦労が偲ばれ、日露戦争後の明治四十年に従一位が贈られたのです。

　これと同じように、江戸時代の学者の中からも儒教をシナの学問から独立させた功績で、四人の民間学者に正四位が贈られたのです。当時、民間人でない学者はすべて幕府についていた朱子学者でした。いわゆる官学はシナの学問から独立しているとはいえないというのが明治の認識だったのでしょう。

このとき正四位が追贈された四人というのは、山鹿素行（一六二二〜一六八五）、中江藤樹（一六〇八〜一六四八）、伊藤仁斎、山崎闇斎（一六一八〜一六八二）です。これらの学者たちが日本儒学の独立に功績があったということで、〝特別古学復興者〟として表彰されているのです。

◉豪快な山鹿素行と山崎闇斎、温厚な中江藤樹と伊藤仁斎

伊藤仁斎についてはあとで詳しく述べますので、ここでは仁斎以外の人たちのプロフィールを簡単に紹介しておきます。

山鹿素行は『中朝事実』を書いたことで知られますが、非常に英邁な人でした。素行は儒学者であるだけでなく兵学を教える軍学者でもありましたから、津軽藩から「一千石で仕えないか」という好条件で招聘の誘いを受けました。しかし、素行は「一万石でなければ仕えません」といって断ったといわれます。それだけ自分に自信があったのでしょう。

素行は弟子も多く人気も高かったため、三代将軍家光が死去した後に慶安の変を起

こして幕府転覆を計画した由井正雪のようになるのではないかと幕府から睨まれて、官学である朱子学の批判をしたということを理由に赤穂藩預かりの身になってしまいます。素行は赤穂の地で藩士の教育を行いますが、その中に大石良雄（内蔵助）もいました。この山鹿素行が日本独自の儒教、いわゆる古学派の創始となりました。

山崎闇斎は山鹿素行と似ているところがあります。幼少のときに比叡山に入り、その後、臨済宗の妙心寺でお坊さんになりますが、小坊主のときから非常な乱暴者でした。一方で、禅宗から朱子学、そして神道といろいろな学問を遍歴し、崎門（きもん）学という朱子学の一派を開きますが、最後には守護神として天照大神を重んずる垂加神道という神道の一派を創設しています。この闇斎という人も林羅山を罵るほど非常に強気で、また傲慢なところがあって、門下を見ると家来の如く扱ったといいます。

この素行と闇斎の二人はどちらかといえば豪傑風の人でした。これに対して、中江藤樹と伊藤仁斎は正反対で、穏やかな性格であり、親孝行で抜きん出た人でした。

中江藤樹は、四国伊予の大洲藩の殿様から口がかかり仕官をしましたが、母親の孝養をしたいというので脱藩をして故郷の近江に帰り、そこで学問に打ち込みはじめます。最初のうちは朱子学をやりましたが、そのうちに王陽明が創始した儒教の一派である陽明学に傾倒し、日本陽明学の祖ともいわれます。その後は伊勢神宮を非常に尊崇するようにもなりました。近江聖人と呼ばれて武士・農民・商人と幅広い層の人たちに大きな影響を及ぼしましたが、性格は非常に穏やかな人でした。

詳しくは後で述べますが、**伊藤仁斎**も藤樹に似て穏やかで親孝行な人でした。能力はずば抜けていて九州の細川家が一千石で召し抱えようと話をもってきたこともありましたが、そのときはちょうど母親の看病をしていた時期であったため、「母を養いたいから」という理由で断っています。

この対照的な二組四人が日本儒学の確立者ということになっています。

◉孔子の学問はどのように広がっていたのか

なぜ日本で儒学は独立する必要があったかということを考えたいと思うのですが、その前にシナでは孔子の学問をどのように表したかというところから見てみたいと思います。

先にふれたように、孔子は周の時代の学問を五経にまとめました。しかし、孔子の言行を孫弟子あたりの世代がまとめた『論語』は「経」には入りませんでした。漢（前漢）の武帝（前一四一～前八七）の頃から儒学は国教のごとく扱われるようになりますが、『論語』は儒教のテキストとしては五経に比べると一段下に置かれていました。

そこからさらに時代が下り、南北朝時代（四三九～五八九）を迎えます。この南北朝の北朝では仏教の影響を受けて孔子の像を祭るようになり、孔子を「文聖尼父」と呼ぶようになりました。このあたりから少しずつ『論語』は地位を上げていくようになるのです。そう考えると、日本は『論語』が入ってきたときから重んじていたというのですから、たいしたセンスだと思います。

その後、隋（五八一～六一八）の時代になると科挙制度がはじまります。儒学は科挙の必修科目になりましたが、『論語』はそこには入りませんでした。唐（六一八～六九〇、七〇五～九〇七）の時代になっても『論語』は科挙の正科目にはならず、『孝経』とともに副科目に置かれました。ただし、必修だったといわれています。

さらに時代が下って宋（九六〇～一二七九）の時代になります。この時代、科挙は一代隆盛期を迎え、官僚制が完成しますが、一一二七年に女真族の金によって攻められて華北を奪われ、宋の半分は滅ぼされてしまいます。かろうじて皇帝の弟が南に逃げて即位し、高宗となって宋を再建して南宋政権を樹立するのです。

南宋の時代になると『論語』が重要視されるようになりました。というのは、宋王朝をつくった太祖（趙匡胤）と太宗（趙匡義）の兄弟を助けた宰相の趙普という名臣が『論語』をよく勉強したのです。趙普は死の間際に「自分は『論語』の半分で太祖に天下を取らせ、後の半分で太宗の治世を太平にした」と言い残したといわれるほどで、まわりから尊敬を集める存在だったのです。この趙普の影響で『論語』が重んじられるようになったというわけです。

◉仏教の影響で変わっていった宋代の儒教

漢時代から魏・呉・蜀の三国が争った『三国志』の次の時代ぐらいまでは、五経の研究でも意味の解釈を中心とした訓詁の学が中心で、註を付けて正確に読もうという傾向が強いものでした。それは六朝時代から唐を経て宋に至るまで続きました。ところが、宋朝の頃になると儒教に仏教の影響が非常に強くなってきました。

仏教の影響というのは面白くて、儒学者も仏教的発想をするようになるのです。仏教的発想とは、垂迹（すいじゃく）説というものを採り入れたということです。ご存じのように仏教はお釈迦さんの教えにはじまりますから、初めの頃はお釈迦さんの教えがすべてでした。この教えは本来簡単なものだったようです。

ところが、お釈迦さんの入滅後、仏教の研究が進み、それに従って複雑化し、いろいろな経典ができてくることになりました。お釈迦さんの研究をしているインドのお坊さんたちは頭がよくて、一つの発想を生み出しました。彼らは、釈迦という存在は宇宙に遍在している仏教の理（ことわり）が具体的な人間の形になって地上に垂迹、すなわち現れたものであると考えたのです。

この考え方を日本でも頭のいい人が使いはじめました。仏教が伝来した後、日本の神様と仏教の仏様の折り合いをどうつけようかと考えたときに、このインド人の編み出した垂迹説によって説明をしたのです。つまり、仏教の偉い仏様たち（本地）が日本に垂迹し、そのときに神様の形を取ったのだといったわけです。大日如来が日本に垂迹すると天照大神となり、牛頭天王（ごずてんのう）は素戔嗚（すさのお）となり、大黒天は大国主となったという具合です。これが本地垂迹説というものです。

これと同じことが、宋の時代の儒教でも起こりました。その変革を起こしたのは朱子です。それまでは『論語』は「経」の位に上がらず「伝」の位にとどまっていましたが、ここから位が上がっていくことになります。

◉新しい儒教として誕生した朱子学

私は今、本地垂迹説にたとえて儒教への仏教の影響を説明しようとしているのですが、東洋史学者の宮崎市定先生は「マホメットとコーランの関係みたいなものだ」といわれています。コーランというものはイスラムの道を示したものであって、マホメットはそれを体現した人です。マホメット＝コーランではないのです。それと同じように、『論語』は人間の生き方を道として示しているものであって、それを体現したのが孔子である。『論語』＝孔子ではない。朱子はそう考えたわけです。

すると、仏教の指し示す道を明らかにするためには釈迦の言葉を研究すればいいというところからはじまってどんどん難しい研究が行われるようになり、そこから経典が出てきたのと同様に、儒教においても孔子が発見した人間の道を明らかにするために孔子の言葉の研究がはじまって、そこから細かい理屈が出てくるようになりました。

それを朱子が体系的にまとめたものが朱子学（理学や宋学ともいわれる）となったわけです。朱子学は従来の儒教に対する新しい儒教という形で誕生しましたが、その内容は非常に理屈ばって難しいものになりました。

この朱子学が誕生する過程で、朱子は、五経と並ぶものとして新たに『論語』『孟子』『大学』『中庸』からなる四書を成立させました。この四書のうち『論語』と『孟子』は前からありましたが、『中庸』と『大学』は五経の一つである『礼記』の中から取ったものとされます。『論語』はそれまで「経」の位に入っていませんでしたが、ここでようやく「経」の位に匹敵する「書」という位を得て、四書五経という儒教の聖典が成立することになったのです。これにより『論語』の地位は一気に高くなって、宋の学者の中には「孔子は堯舜よりも優れている」といい出す人も出てきました。孔子は「述べて作らず」といったわけですが、孔子が述べた堯舜よりも孔子自身のほうが偉いという人も出てきました。その意味では、朱子学は孔子に戻るということでもあったのです。

◉難解になってしまった朱子学への疑問

漢の時代から儒学は国学になったせいもあって、政治学の面からとらえられることが多くなりました。しかし朱子学は孔子そのものに戻ったため、人間学としての原点に光を当てることになりました。その点では非常に正しい戻り方だったといえます。ただし、先の垂迹説で釈迦の前に仏教の理があったと考えたところから複雑な議論がはじまって多くの経典ができたのと同じように、朱子学も孔子の前に非常に難解な議論がついてしまうことになりました。そして、そちらのほうの研究が進むようになり、朱子学は非常に複雑なものになっていくのです。

朱子学そのものが悪いわけではないのです。むしろ朱子は古学を復興して、漢の武帝が儒学を国学にしたことにより政治的な面が重くなっていたところを、孔子の地位を高くして教育の面にも重きを置くようにしたわけです。そのために新たに四書というものを選んで五経と並べ、それに朱子が註を付けた解説書をつくるのです。それが『論語集注（しっちゅう）』『孟子集注』『大学章句』『中庸章句』の四編で、これをあわせて四書集注といいます。この朱子の四書集注がずっとあとになって儒学の根本教科書になってい きます。私は漢文の先生になろうと思ったことがあって、大学で漢文の授業を受講し たのですが、そのときのテキストは朱子の集注でした。

朱子学は江戸時代に官学となり日本でもポピュラーな学問になっていくのですが、やがて先の四人のように「難解になってしまった朱子学は孔子の教えを正しく受け継いでいるとはいえないのではないか」と疑問に思う人たちが出てきました。四人はそれぞれに影響力を発揮しましたが、一番後々まで影響のあった人は伊藤仁斎であったと思います。

◉他人を批判することがほとんどなかった仁斎

ところで、四人に正四位が追贈されるというとき、伊藤仁斎が皇室に対して無礼であったという説が出ました。それによると、仁斎が紀州候に「天に二つの日はなく一つである。今は皇室と徳川将軍家の二つの日があるのだから一つにしたらどうか」といい、それを聞いた紀州の殿様が「とんでもないことだ。そんなことをいうと死刑になる」といって隠したというのです。しかし、それが全くの嘘であるという証拠をいくつか挙げたいと思います。

第一の証拠は、仁斎は非常に温厚な人物として知られ、その経歴をたどってみても他人を批判するようなことはほとんどなかったという点です。

京都にいるとき、性格から考え方から何もかもが違う山崎闇斎と堀川を挟んだ向かい側でともに塾を開いて教えていました。仁斎は闇斎の学問態度について、「闇斎は垂加神道などといっているが、もともとは禅宗からはじまって、朱子学、古学を経て、今は神道をやっているのだ。あの人は長生きしたら伴天連になるのではないか」というような皮肉をいっています。これを批判というべきかどうかわかりませんが、誰かを批判したというのはこれぐらいのものですし、しかもそれは同じ学者として闇斎の学問態度に対して物申しただけの話です。朱子学への批判というのも、あくまでも学問上の問題で、むやみに悪口をいうという類のものではありません。

他人を誹謗中傷するというようなことから最も遠かったのが仁斎なのです。ましてや皇室に対して批判的な発言をするということは全く考えられません。

◉皇室への敬意を込めた詩をつくる

第二の証拠は、次のような詩をつくっていることです。ここには仁斎の皇室に対する尊崇の念が込められています。

神皇正統億萬歳
一姓相傳日月光
市井小臣嘗竊祝
願教文教勝虞唐

神皇正統億萬歳
一姓相傳日月の光
市井の小臣嘗に竊かに祝す
願くば文教をして虞唐に勝らしめん

「神皇正統億萬歳」というのは、日本の皇室はオーソドックスで億萬歳続く、という意味です。「一姓相傳日月の光」の「一姓」は一つの姓。シナでは王朝が変わるたびに姓が変わるわけですが、日本では一つの姓が変わらないということで、皇室のことをいっています。というよりも、そもそも日本では姓をつける必要がなかったため、いわゆる姓はないのです。ですから、太陽や月の光が変わらないように一つの姓が輝いている。次の「市井の小臣嘗に竊（ひそ）かに祝（のり）す」というのは、「自分は町中の一人の民間人に過ぎないけれども、ひそかに願っております」という意味です。では何を願うかといえば「願くば文教をして虞唐に勝らしめん」と。はじめの「教」は「何々せしむる」という意味です。だから「文教」学問の教えをして、「虞唐」に勝らしめんとする。虞は「舜」、唐は「堯」という古代シナの伝説の名君の別名ですから、「虞唐」は「堯舜」といってもいいわけです。

すなわち、「日本には正統がずっと続いて、それが全く変わることなく伝わって日光や月光のように輝いている。それで私のような町人はひそかに祈りました。願わくは学問をして堯舜に勝りたいものだ」というような意味になります。これほど鮮やかに皇室の本質を突いた詩はありません。皇室にこのような思いを抱いていた仁斎が無礼を働くわけはないのです。

◉仁斎が日本に対して抱いていた誇り

それから第三の証拠は、『論語古義』の巻五にある「吾が太祖開国元年は実に周の恵王十七年にあたる」という言葉です。神武天皇が国を開いたのは周の恵王の十七年のときであったというわけです。周の恵王の十七年というのは、孔子の生まれた頃です。そして「今に到るまで君臣相伝え綿々絶えず」とあります。神武天皇が国をお開きになって以来、日本では今に到るまで君臣ともに連綿として絶えることがない。「之を尊ぶこと天の如く、之を敬すること神の如し」。天皇を天のように尊び、神のように敬してきたと。これはその通りでしょう。こういうあり方は「中国の及ばざる所」といっています。日本は万世一系できたけれど、中国の王朝は何度も変わっているということを指摘しているのです。だからとても中国は日本に及ぶことはない、と。

次に「夫子、之を華に去って夷に居らんことを欲す、亦由有りなり」とあります。これは『論語』の中で、孔子自身が一時、華（シナ）を去って夷（日本）に行きたいといったのも理由があることなのだ、といっているのです。孔子が日本に行きたがっていたというのは伝説です。孔子が「自分の道がシナの地においても行われないのならば、いっそのこと東の方角にある異民族の地へでも行こうか」あるいは「船を浮かべて海の向こうに行こうか」といったことを踏まえています。

あの孔子ですら日本に来たかったのだ、それほど日本は素晴らしい国なのだと、仁斎は右翼の極みのようなことをいっているのですが、江戸時代にこれほどの誇りを抱いていたというのは凄いことだと思います。これもまた仁斎が天皇に対して絶対的な敬意を持っていた証拠として挙げることができるでしょう。

◉日本を称揚した伊藤仁斎と中国にへりくだった荻生徂徠

ある意味ではこのような天皇への敬意、日本への誇りを抱いていたことが嫌われたのでしょう、仁斎は戦後、あまりはやりませんでした。逆に荻生徂徠は全集が二度も出ています。徂徠は仁斎よりも後に出てきた人ですが、口を極めて仁斎を批判しています。彼自身も非常な秀才で、朱子学ではなくて、一種の古学をやりました。そのときに徂徠は仁斎など古学の先達に手紙を出したりしたようですが、仁斎はあまり相手にしなかったようです。それを怨みに思って仁斎を批判したのでしょうが、仁斎は徂徠の批判にも反応しなかったようです。

徂徠は自分自身を「物徂徠」と呼んでいます。「物」というのは、物部氏の出身だということなのですが、それをシナ風に「物徂徠」といっているのです。それだけではなく、「東夷物徂徠」ともいっています。中国において「東夷」というのは野蛮な土地を表す軽蔑の言葉です。それをわざわざ頭につける必要はどこにもないのですが、徂徠は自らを「東夷物徂徠」と名乗るのです。要するに中国に対してへりくだっているわけです。

ところが仁斎は、中国で聖人と讃えられる孔子ですら「華を去って夷に入らんと欲す」といっているではないかといって、日本の素晴らしさを称揚しているわけです。それが戦後の日本で仁斎がはやらなかった理由であり、また明治になって古学をやった儒者に正四位を与えるというとき、仁斎が入り、徂徠が入らなかった理由でもあるのではないでしょうか。

【Ⅱ】

伊藤仁斎小伝

――本物の知識人にして五男三女の父

◉数え十一歳で『大学』を読み、十五歳で聖賢の道に志す

本章では伊藤仁斎という人がどういう人生を送ったのかについて、簡単に見ていくことにしましょう。なお、経歴の年号については石田一良『伊藤仁斎』（人物叢書・吉川弘文館）の年譜を参考にさせていただきました。

仁斎は寛永四年（一六二七）鶴屋（伊藤）七右衛門と妻那倍（なべ）の長男として生まれます。生家は元来、尼崎あたりの武家であったようです。しかし、戦乱のために京都へ出て、木材業という説が強いようですが、商業をはじめました。母方の親戚に角倉家がありますが、これは安土桃山から江戸初期にかけて海外貿易で活躍した豪商・角倉了以を生んだ家です。

同じく母方の親戚である里村家は、戦国時代に活躍した連歌師の里村紹巴（さとむらじょうは）を生んでいます。紹巴は本能寺の変の前に明智光秀が開いた「愛宕百韻」という連歌の会にも参加しているほどの文化人です。そのときに光秀が連歌の発句として詠んだ歌が「ときは今　あめが下しる　五月かな」というものでした。この「あめが下しる」は「雨

が下」に「天が下」をかけて、織田信長を殺して天下を取るという光秀の決意が込められているといわれ、そのために紹巴は本能寺の変の後に豊臣秀吉から光秀との関係を疑われることもあったようです。仁斎の母那倍はこの紹巴の孫にあたります。

仁斎は数え年十一歳のときに初めて先生について『大学』を習います。このときに「修身斉家治国平天下」の章を読んで感銘を受けます。その後、十五歳になると『論語』の「十有五にして学に志し」に倣うかのように本格的に勉強をはじめ、聖賢の道に志すようになるのです。そして朱子の定めた四書を読むのですが、これは当時の勉強法としては非常にオーソドックスな進み方でした。仁斎は徹底的に朱子学を学びました。朱子の書いたものは全部読んだといわれ、朱子を非常に尊敬するようになりました。

◉十九歳、琵琶湖の広大さに感激して学問の道を漢詩に詠む

十九歳のとき、仁斎は父親とともに琵琶湖に遊びに行っています。このときに一篇の漢詩をつくっていますが、この詩がなかなかいいのです。

古来云此水　一夜作平湖
俗説尤難信　世伝詎亦迂
百川流不已　万谷満相扶
天下滔滔者　応憐異教趨

古来云うこの水　一夜平湖と作ると
俗説尤も信じ難し　世伝詎ぞ亦迂なる
百川流れて已まず　万谷満ちて相扶く
天下滔滔たる者　応に憐むべし異教に趨くを

琵琶湖の湖は話によると一晩でできたのだ、と古来いわれていたというのです。これは巨人が足を踏みこんだら、そこがへこんで一晩で琵琶湖になり、そのときに飛び出した土が富士山になったという言い伝えがあったようです。

しかし、仁斎はこの俗説を批判します。そんな俗説はバカバカしくて信じられない。それを世の中に伝えるとはなんと頓珍漢なことであろうか。実際はたくさんの川が流れて止まずに、多くの谷が満ちてお互いに助け、滔々として流れていって、この湖になっているのである、と。

そして次に、これと同じように異教に赴くことは憐れむべきである、といっています。これは要するに、多くの学者も余計な説に色目をつかわずに儒学を一心に学ぶべきである、といっているのです。たくさんの川が流れ込んで琵琶湖ができたように、学問というものも多くの人たちがひたすら研究を続けることによって完成するのであるというわけです。

また、この琵琶湖紀行のときに、仁斎は三井寺の呼び名で知られる園城寺に登りました。そこで絶景を眺めて詠んだ漢詩が残っています。

山行六七里　往到杳冥中
船遠間々去　天長漠々空
嶺環邨落北　際湖寺門東
男子莫空死　請看神禹功

山行六七里　往いて杳冥（ようめい）の中に到る
船遠くして間間として去る　天長くして漠々として空し
嶺は環る邨落（なんらく）の北　湖は際（まじわ）る寺門の東
男子空しく死すること莫（な）かれ　請う看よ神禹（じんう）の功

山を登っていったら薄暗い場所に来た。船はずっと向こうのほうを悠々として去っていく。天は大きく広がっている。山は村々の北にめぐってある。琵琶湖は寺の門の東のほうに接している。男と生まれた以上は空しく死ぬな。まあ、ご覧なさい、神禹の功を。

最後に「神禹の功」とありますが、この禹というのは古代シナの伝説の帝で、黄河の治水事業を行って功績を挙げた人です。その功績で舜から位をゆずられ、夏の国を建設した聖王と言われます。要するに仁斎は、広大な琵琶湖の風景を見て禹の大事業を思って感激して、「男と生まれた以上は空しく死んではいけない」と自らを奮い立たせているのです。

この「男子空しく死すること莫かれ」は、『万葉集』にある「士(をのこ)やも空しかるべき万代(よろずよ)に語り継ぐべき名は立てずして」という山上憶良の歌と重なる思いを詠んでいます。ただ、わずか十九歳のときにこれだけの詩をつくるところに仁斎の才気が感じられます。

◉仏教の修行体験と朱子学への懐疑――「敬斎」から「仁斎」へ

その後も朱子学の勉強を続けた仁斎は、二十七歳のときに『太極論』という朱子学の重要事項を論ずる本を著しています。また『敬斎記』という本を書き、自らを「敬斎」と称するようになりました。朱子学において「敬」は最も重要な観念で、「敬の心」を非常に重んじます。そこからわざわざ「敬」という言葉をつけて自らの号としたようです。

このとき同時に「誠修」という二字をもって自らの戒めの言葉としています。朱子学には仏教の影響が非常に強く入っていて、座禅を重んじたりしています。この「誠修」の二文字によって自らを戒めるというのも、そうした仏教の影響が感じられます。ただし、その頃の仁斎は朱子学に仏教の影響が強かったことはまだ知らなかったと思われます。

二十八歳のときには『性善論』と『心学原論』の二書を著しています。これらも朱子学の解説書ですが、この頃、なんとなく自分の目指しているものが宋の学問とは違うのではないかということに気づきはじめます。それが悩みとなって、翌年には病気をしてしまうのです。

同じ頃、親類から「お前は長男なのだから、学問よりも家の商売を継げ」と説得を受けますが、仁斎は学問への思いが断ち切れず、首を縦に振りませんでした。結局、家の仕事は弟に任せることを決断し、自分は家を出て、松下町というところに建ててもらった家に隠棲し、そこで勉学を続けるのです。わざわざ隠居所を建ててもらったというわけですから、相当な金持ちの家だったことがうかがえます。これが明暦元年（一六五五）、仁斎二十九歳のときの話です。

家督を弟に譲って家を出て隠居所に籠もった仁斎は、勉学のために数年間一度も外出しなかったといわれます。あるいは病気も関係していたと考えられますが、もっぱら本を読んで十年を暮らしたともいわれています。

この期間に仁斎は仏教とか道教の教えを一所懸命に学びました。同時に禅宗にある白骨観法というものを修めました。この白骨観法とは一種の座禅のようなものらしいのですが、「静坐して自己の一身をおもうに、工夫熟する時、皮肉悉く脱露して只白骨ばかりあるようとみゆる」というのです。さらに、これを続けていると「自己の身白骨にみゆるのみならず、他人と語るにも白骨と対談するようにおもわれ、道行人も木偶人（もくぐうじん）のあるくようにみゆ。万物皆空相あらわれて、天地もなく生死もなく、山川宮殿までも皆まぼろしのように思われ侍候（はべり）」（『稿本仁斎先生文集』）といっています。

つまり、白骨観法を修得してみたら何を見ても空想のもののように思われた、と。それで、こんなものはだめだと悟ってやめてしまったというのです。要は仏教の悟りの方法を修めようとしてやってみたら、現実のものが現実でないように思われていくので、これは自分の目指すものではないと悟ったのです。
また仁斎は同じ頃に、「朱子学はあれこれと小理屈を唱えているが、孔子の教えの根本は〝仁〟なのではあるまいか」という考えに至りました。そして自らの号を「敬斎」から「仁斎」へと改めるのです。

◉古義堂を開き、同志会を結成する

寛文二年（一六六二）五月、京都を大地震が襲い、仁斎は隠居所から実家に戻ることになりました。この年、仁斎は三十六歳になりました。この頃、宋学（朱子学）は孔孟の学から乖離しているのではないかと疑いを強く抱くようになります。それについて深く考えた結論として自分の考えに確信を抱くようになりました。その結果、『論語』『孟子』の原典に当たって孔子の道を明らかにし、それを実践していく古義学を打ち立てていくことになるのです。

仁斎は「古義堂」と名付けた塾を開き、生徒を募って教えはじめました。松下町の隠居所に籠もって勉強をしていたときに、ただ一人訪れてともに勉強をした友人の井上素白が、親戚や知人・友人たちに古義堂への入門をすすめ、塾生を集めてくれました。塾では『論語』『孟子』『中庸』をテキストとして講義をしたほか、『近思録』『春秋』『書経』『綱鑑』などを塾生が順番に講じていくような形をとりました。

また、この同じ年に「同志会」という研究会をつくって、仲間たちと勉強をするようになりました。この同志会は月に三回、仁斎宅で開かれました。毎回会員の中から一人が順番に講師となって書を講じ、それが終わると会員が質問をしていく。次にその日の会合で会長に選ばれた者が会員に問題を出して会員の力試しをするというやり方で進めました。こうやって会員それぞれが理解を深めることができるようにしたのです。

塾や同志会での経験を積み、仁斎が本当の自信を身につけたのは三十七歳のときでした。この年、儒教に対する自らの考えを明らかにして、自信を持って『論語古義』『孟子古義』『中庸発揮』といった本の執筆にとりかかります（これらがどういう本であるかは、あとで改めてふれていきます）。それと同時に、同志会の仲間たちと五経を読みはじめます。仁斎の学問の特徴というのは徹底的に本を読むところにあるのです。

四十二歳の頃に書いた『私擬策問』で仁斎は次のようにいっています。

「『大学』の書は孔氏の遺書にあらず、また明鏡止水、冲漠無朕、体用理気等の説は皆仏老の緒餘にして聖人の旨にあらざるなり」

『大学』は孔子の弟子の曾子がつくったものといわれ、宋代に流布していた四書の一つです。これについて北宋の時代の儒学者で二程と称され、朱子の先生のような存在であった程顥（ていこう）（程明道）と程頤（ていい）（程伊川）兄弟は「『大学』は孔氏の遺書にして初学入徳の門」といっています。しかし、仁斎はこれを完全に否定して、『大学』は孔門とかかわりのない儒者がつくったものであるといい、その根拠を具体的に挙げたのです。

つまり、「明鏡止水、冲漠無朕、体用理気」といった概念が『大学』に出てくるけれど、孔子の言葉のどこにもそんな概念は出てこないと指摘したのです。

一方で『中庸』については『論語』と重なるような話が入っているといって、孔子の心にかなうものと一定の評価をしています。

◉堀川の五蔵――伊藤仁斎の跡を継いだ五人の息子たち

仁斎は四十歳をすぎた頃に尾形氏の娘の嘉那と結婚をしています。仁斎は今でいえばかなりの晩婚です。嘉那夫人の父親は医師で従弟には儒者の尾形宗哲、琳派の祖である画家の尾形光琳、陶芸家の尾形乾山の兄弟などがいました。実家の尾形家というのは本阿弥光悦などを生んだ本阿弥家とも縁戚関係にある非常に芸術的な家柄だったのです。

その奥さんとの間に長男・東涯（字は源蔵）、長女・具寿、次女・静という三人の子をもうけています。東涯が生まれたのは仁斎が四十四歳のときでした。面白いのは、妻の妊娠中に、仁斎は儒学者らしく毎晩『孝経』や聖賢の書物を読み聞かせて胎教を行ったというのです。胎教というと、いかにも今日的な発想のように思うのですが、仁斎の頃からそうした発想があったというのは興味深いことです。

ところが、不幸なことに嘉那夫人が三十三歳の若さで亡くなってしまいます。そのとき仁斎は五十二歳になっていましたが、その後、五十五歳で瀬崎氏の娘である総という女性と再婚をします。この奥さんの実家も立派な家であったようです。総夫人との間には五人の子を授かりました。五十七歳のときに生まれた次男の梅宇（字は重蔵）をはじめ、介亭（字は正蔵）、トメ、竹里（字は平蔵）、蘭嵎（字は才蔵）の五人です。

ですから、二人の夫人の間に八人の子をもうけ、そのうちの五人が男子です。この男の子供はいずれも優れた学者になり、のちに「堀川の五蔵」と呼ばれました。堀川というのは、仁斎が住んでいた京都の堀川のことです。また、五人のうち、長男の東涯と末っ子の蘭嵎が特に優れていたために、「伊藤の首尾蔵」などと呼ばれたようです。頭と尾の「蔵」が優れているというわけです。

この五人の男の子供について簡単にふれておきますと、まず仁斎の長男の源蔵（東涯）は紀州侯から五百石で招聘を受けています。それで召し抱えられましたが、最後には五百石を辞退して京に帰り、古義堂を継いでいます。当時の日本の儒学界では、太宰春台とか服部南郭といった仁斎の敵であった荻生徂徠の高弟たちが幅をきかせていましたが、この二人も東涯の学問は尊敬していて「天下の博物」と讃えています。

また、東涯は書物をたくさん出していて、それを積み重ねれば身長に及ぶほどだったといわれます。どういう本かといえば、それは父である仁斎の本です。仁斎が記したものを編纂して本として世に出したのです。仁斎は生前に一冊も本を出していません。先に述べてきたように本はたくさん書いていましたが、一冊も出版はしていなかったのです。それを東涯は次々に編纂して出していきました。だから東涯の諡（おくりな）は「紹述先生」といいます。「紹述」とは先人の業を受け継いで続けていくという意味ですが、そのネーミングに違うことなく東涯は父・仁斎の書いたものをすべて本にして出しました。そういう人生を送って六十七歳で亡くなっています。

それから次男の重蔵（梅宇）は徳山侯毛利氏に仕えていましたが、東涯同様、途中で職を辞して京都へ戻り、のちに福山の阿部侯という大名に仕えています。そして六十三歳のときに福山で亡くなりました。諡は「康献先生」といわれます。

三男の正蔵は諱を「介亭」といいます。この人は高槻永井侯に仕えています。非常な人徳者であったそうですが、離婚をして、その後は独身を通したようです。八十八歳の長寿で、諡は「謙節先生」といいます。

四男の平蔵は諱を「竹里」と称します。久留米侯に仕えて江戸の赤羽に出て、跡継ぎにつきっきりで指導をしていますが、六十五歳で亡くなっていますが、この人の次男がすぐ上の兄である介亭先生の跡継ぎになっています。

そして末っ子の才蔵（蘭嵎）は三十八歳で紀州侯に招かれました。そのときの逸話が残っています。初めて殿様の前で講義をするときに、蘭嵎は沈黙して喋らなかったというのです。いつまでたっても講義をはじめないので、満座の人たちは蘭嵎が臆して喋れなくなったのではないかと心配し、手に汗を握りました。ついに見かねた家老が「構わずやりなさい」というと、蘭嵎はこういったというのです。

「殿様はまだ座布団に座っていらっしゃいます。ゆえに聖賢の本を講義するには準備がでていないと思われます」

それを聞いた紀州の殿様もさすがに偉い人で、すぐに座布団をとって正座をしました。それを見て蘭嵎はおもむろに音吐朗々と満座の聴衆を感奮せしめる講義をしたといわれています。この人は書も画も上手で、正蔵と同じく八十八歳まで生きました。伊藤仁斎とその息子たちによって受け継がれた学統は堀川学派あるいは古義学派といわれて長く続きました。

人間学的に見て面白いのは、この一番下の蘭嵎が生まれたのは仁斎が六十八歳のときであったという点です。そのとき二番目の奥さんは三十六歳ですから、まだ十分に子供を産める年齢であったわけです。仁斎は七十九歳で世を去りますから、この子と一緒にいたのは十年だけですが、恵まれた人生であったと思います。

五人の息子たちはみな素晴らしい仕事をしています。私が仁斎に注目した理由のひとつに、男の子が五人もいて、しかも母親が違うのに全員を立派な学者に育て上げた仁斎への興味がありました。どういう人間であり、どういう教育を施したのかということに人間学的な興味を抱いたのです。

◉母親の看病を理由に仕官の話を断る

話を仁斎に戻しましょう。長男の源蔵が生まれてから二年後、四十六歳の頃に仁斎は熊本の細川侯から「一千石で仕官しないか」と誘われます。しかし、そのとき仁斎は病を患っていた母親の孝養をしたいという理由でこの話を断っています。

その後、紀州侯からも一千石で召し抱えたいという話がありましたが、これも断っています。このときには「禄の多少にかかわらず、少しでも自分に国政を与らせてくれるのならば参ります」といったとあります。これが何歳頃の話であるかははっきりしないのですが、『文會雑記』に書かれていて実際にあった話です。

仁斎は『孟子』を徹底的に読み、「『孟子』梁恵王章句の一篇を完全に理解すれば王の上位の帝王の師にもなれる」といっていましたから、自らの考えを国政において試してみたかったのかもしれません。しかし、ただ儒学を教えるだけならば一千石でもお断りしますといって断ったというのはありうる話です。

この結果、紀州公は仁斎の招聘を断念していますが、のちに紀州藩は仁斎の息子の東涯と蘭嵎を招聘しています。これは紀州侯が伊藤家の学問に対して未練というか魅力を感じていたひとつの証拠になるかもしれません。

四十七歳の年の五月、京都で大火事が起こりました。このとき仁斎は『論語古義』の書きかけの原稿を持って京極大恩寺に逃げています。なんとか難を逃れたものの、そのすぐあとの七月に母親が亡くなりました。儒教の習俗に従って、仁斎は三年の喪に服します。その最中の翌年九月、今度は父親が亡くなります。そこでまた三年の喪に服すことになり、結局四年間喪に服し、五十歳のときにようやく喪が明けました。しかし、それから二年たった五十二歳の年の十月に、今度は嘉那夫人が亡くなってしまいます。その後、五十五歳で再婚をしたことはすでに述べましたが、四十七歳から五十二歳までの五年間は仁斎にとって心穏やかなものではなかったようです。

◉京都の上流階級との付き合いが多かった仁斎

石田一良さんの書いた『人物叢書　伊藤仁斎』には、仁斎の交流関係が詳しく書かれています。それを見ると、仁斎が付き合っている人たちは京都の上流階級、社交界の一番上の人たちが非常に多いのです。仁斎の母方の里村家は連歌の中心となった家ですし、嘉那夫人の実家に医師や芸術家がたくさんいましたから、自然と仁斎の身近には社交界とかかわりを持つ人たちが多かったのかもしれません。

仁斎自身と親交があった人としては医師で親友の井上養白をはじめ、同じく医師の平井春益、岸本寿軒、原芸庵など、あるいは公家の今出川公規、勘解由小路、花山院定誠、伏原宜幸といった人たちともよく付き合っています。とにかく最高の文化人たちとよく交わって、酒食あり、詩あり、政談ありの生活を楽しんでいたようです。

当時の仁斎の生活ぶりを示す逸話があります。仁斎は時には輿に乗って鷹峯に登り、時には弁当を携えて北野に遊んだと語られています。また、天気がいい日には弟子を三、四人連れて郊外に散歩に出かけて詩を吟詠して帰ったともいいます。これは『論語』先進篇で、孔子が傍にいた四人の弟子たちに「もしお前たちを知ってくれるものがいたら何をするか」と尋ねたときに、曾皙が「春の終わりに仕立ておろした春服を着て、若者五、六人に子供を六、七人連れて、川遊びをしたり、雨乞いの舞台で涼んだり、歌を歌いながら帰ってきたいものです」といったところ、孔子が「私もそうしたいものだね」といったことに呼応するようです。

伊藤仁斎と社交界のつながりというのは非常に面白いと思います。一般的なイメージとして、そういう生活をしていたとはなかなか思い至らないのですが、仁斎や夫人の家系をたどってみれば、仁斎が社交の人であったとしてもなんら不思議ではないのです。

一民間人の仁斎が公家からも尊敬されていたことはこうした付き合いを見ればわかりますが、公家の伏原宣幸と仁斎は三十年来の付き合いで、仁斎はしばしば伏原家に招かれて古典や詩文について語り合う仲でした。元禄三年（一六九〇）の十月二十四日、三十人ほどの公家を呼び集めて、この伏原宣幸が『孟子』の講釈を聴かせたことがありました。以来、元禄七年（一六九四）四月までの間、この講義は続いたというのですが、これは非常に注目すべきことです。

というのも、元来、宮廷では『孟子』が嫌われていたからです。なぜ嫌われていたかというと、『孟子』には革命論というものがあり、革命によって王朝が代わることを否定していなかったからです。そのため昔の朝廷は『孟子』を非常に嫌って、『孟子』を日本に伝えようとして船に乗せると必ず難破するという噂があったぐらいです。

ですから、その『孟子』の講義が公家を相手に行われたというのは驚きといってもいいほどの出来事なのです。

もちろんそこに至るまでの間に、仁斎と伏原の間で『孟子』に関する問答、意見交換が繰り返されたことは間違いありません

◉仁斎学の確立――『論語古義』『孟子古義』『中庸発揮』『大学定本』の完成

仁斎は五十九歳のときに「送浮屠道香師序」（浮屠道香師を送るの序）という文章を書いています。この中で仏教も朱子学も同じようなものだということを書いて非常に評判になりました。この文章は仁斎が七十六歳のときに天皇に献上されて、天皇もお読みになったという話です。

仁斎が三十七歳のときに『論語古義』『孟子古義』『中庸発揮』の執筆にとりかかったことを先に述べましたが、これらはそれぞれ『論語』『孟子』『中庸』に仁斎が註解を加えたものです。一応の完成をみた後も、仁斎は亡くなる寸前までこれらの本の校定を繰り返して、より正確なものを後世に残す努力を続けています。

また、五十九歳のときには『大学』は孔子の思想を伝える本ではないということで、仁斎自身が考えた『大学定本』をつくっています。そのあとがきで仁斎は「今作者の意を原ね、之れが考定を為す。又その孔孟の旨に盭くと、註家の作者の意を失ふものとを挙げ、逐一論義弁駁して正を糺し誤を正す」と述べ、『大学』を孔子の思想に沿ったものに校定・註解しようとする強い意志を示しています。

要は、『大学』は孔門の学を学んだことのない者がつくったものであり、そこに書かれている内容と『論語』の内容に相反する部分があるため、おかしな点を逐一挙げて論駁し、誤りを正して、孔子の思想に沿った『大学』を自らの手で新たに編集しようとしたのです。大変な労力であったと思われますが、この『論語古義』『孟子古義』『中庸発揮』に『大学定本』を加えて、仁斎の学問体系すなわち日本人のための新しい儒教の体系が確立されることになりました。

◉徹底的に本を読んで証明を行った日本文献学の祖

仁斎は初め朱子学に傾倒して、朱子の書いたものをすべて読んで、勉強し尽くしました。この「勉強し尽くした」という点が重要なのです。すべての本を徹底的に読んだ結果、どうも胸に落ちないところがあったのです。それをもって朱子学の批判をはじめたわけです。

仁斎は周囲にいた人が認めるように非常に温和な性格で、それこそ君子そのもののような人でした。たとえば息子の東涯は父・仁斎について「性質は寛厚和緩（わかん）にして、人其の疾言遽色（しつげんきょしょく）を見ず」といっています。人間的には非常におだやかでゆったりした人柄であったのです。

その一方、儒学のテキストに関しては非常に厳しかったといわれています。仁斎のやったことは今でいえば文献学的な研究にあたります。テキスト研究というのは非常に重要な学問です。谷沢永一先生は仁斎のことを「近世人文学の始祖であり、内部証明に基づく文献学の開拓者であり、日本儒学の創始者である」といっています。この「内部証明」というのは、よく文献学で、さまざまな文献を照らし合わせることによって、たとえば「これはシェークスピアが書いたに違いない」というように証明されるようなことをいっています。

それとは別に、インターナル・エビデンスという概念があります。これは徹底的にテキストを読んで、「これはこうであるに違いない」「これはこの人が書けるわけがない」と証明していく文献学の方法です。仁斎の方法論というのは、まさにこのインターナル・エビデンスの典型といっていいでしょう。

普通、『孟子』や『論語』を研究するときは、書かれている字を研究して、字の意味から文章の意味を考えます。ところが、仁斎は基本的な字を学び、一応漢文が読めるようになると、原文を徹底的に読み込んで、著者の思考のスタイルや文章の特徴などを掴み、逆にそこから個々の字の意味を決めていくという勉強方法をとったのです。

そのような方法で仁斎は約十年間、ノイローゼになるくらい一所懸命に朱子学の本を読んで、その結果『大学』に含まれている内容が『論語』にあるものと相反する点があることを指摘して、先に述べたように「『大学』は孔子の遺書ではない」と断定したわけです。それは宝永二（一七〇五）年に「大学ハ孔氏ノ遺書ニ非ザルノ弁」という題で『語孟字義』巻之下の附録として出版されました。これについて谷沢先生は「日本儒学が、そして日本書誌学が、支那を圧倒した記念すべき日付である」（『日本人の論語　下』）と激賞しています。

こうした仁斎の研究態度は『中庸』の研究についても同様で、谷沢先生によると宋の時代に陳善という人が「『中庸』には漢代の雑録が交じっている」という指摘をしていたそうですが、その人はそれを自ら確かめることなく終わってしまったそうです。ところが仁斎は、それは『孔子家語』に入っている文章であると確認しています。そして『中庸』には『孔子家語』にある文章と同じものが交じっているから孔子の思想を反映したものといってもいいのではないかと厳密な評価を下しています。それは正徳四（一七一四）年に刊行された『中庸発揮』の中に収められていますが、仁斎は文献学的に文句のつけようのない方法によって証拠立てて、『大学』および『中庸』が孔子の説をそのまま伝えているものではないことを明らかにしているのです。この点で、谷沢先生に倣っていうと、仁斎は「日本文献学の祖」といってもいいでしょう。

◉朱子学はなぜ難しくなってしまったのか

私の知る限りでいうと、仁斎の学問というのは『論語』が最も重要な本であって、『論語』を正しく読み、理解するためには『孟子』を学ぶのが一番の近道であるという考え方をしています。それで『論語』と『孟子』の地位を一段高くしました。

この孔子から孟子へという道は、実のところ仁斎が批判する朱子からはじまっています。朱子も『孟子』を重視していたのです。朱子は『論語』『孟子』を仁斎と同じように特別高くして、それに『大学』と『中庸』を加えて四書をつくったのです。ただ仁斎学と朱子学の違ったところは、最初にも述べたように、朱子学あるいは宋代の儒学は垂迹説で孔子の説いた道のさらに上に道を説こうとしはじめたため、非常に細かいところをうるさく議論するようになったのです。一方、仁斎は孔子そのものに帰ることを主張しました。ここが決定的に違う点です。

朱子学では、孔子の偉さは認めるものの、孔子の言葉をそのまま受け取るのではなく、たとえば孔子が説いた「礼」とはいったい何かという議論をはじめたのです。それによって小難しくなってしまったのです。

これは既に述べたように、天の道というものが孔子の前にあって、その天の道が孔子に垂迹したという見方をすればいいかと思います。仏教でも、仏教の真理が釈迦の前にあってそれが釈迦に垂迹したという説が出たことによって非常に難しくなり、いろいろな経典が出てくるようになったのです。それとそっくり同じことが朱子学で起こったのです。

垂迹説をとると孔子そのものから離れたところで議論が行われるようになり、言葉の解釈に重きが置かれるために、どんどん細かいところに入り込んで難解になるのです。その難しくなってしまったものを徹底的に読み込み、精査した上で「こんなに難しくする必要はない。孔子に戻ればいいのだ」と明確に示したのが伊藤仁斎であったのです。

仁斎はノイローゼになるほど徹底的に朱子の著作を研究した挙げ句、難しくする必要はない、孔子の道は近きにあり、『論語』を学べばいいのだと説いたのです。そして、もしも『論語』だけではわかりにくかったとしたら『孟子』から入ればよくわかると教えたわけです。仁斎の偉いところは、「難しいことをいいなさんな。一番わかりやすいところで理解すればいいのだ」と明快に述べたことでしょう。人間学では難しいことをいいはじめると必ず間違えるから、というわけです。

◉朱子を徹底的に読んでわかった「孔子の道は近くにあり」

仁斎についてはあたかも朱子学を完全に引っ繰り返したかのように誰もがいいます

が、私は違うと思うのです。先にもいいましたが、朱子学はむしろ孔子を高めたのです。ところが、高めすぎてしまって、その上にさらに学問体系をつくったものですから、よけいな理論が出てきて難しいほうに引っ張られてしまい、孔子自身の思想が多少朱子学の体系から外れるようになってしまった感があります。しかし、それは決して孔子をないがしろにしようということではありません。

むしろ、孟子などは朱子が取り上げるまでは諸子百家の中の一人という程度の認識でしかありませんでした。孟子を孔子と並べると決めたのは朱子です。その意味では、『論語』を説くのに『孟子』からはじめたのは仁斎であるといわれますが、そうではなく、それは朱子であったといっていいと思うのです。

ただ、朱子のやったことは間違いではなかったのですが、学問をする人はどうしても難しいほうに惹かれていきます。そのために宋学の人たちは仏教の影響を受けて孔子の上に道をつくってしまい、そこから種々の学説が派生してきたわけです。仏教で、「お釈迦さんは慈悲を説いた」という簡単な話であったところに、後からいろいろな理屈をつけたことによって寺いっぱいの経典ができあがったというのと同じです。

朱子学も、仏教と同じような方向に進んでしまったわけです。それは学問をする人の習い性のようなもので、どうしても難しいほうに惹かれてしまうものなのです。

仁斎はすべての朱子の本を読んで、その究極に到達し、本も書いています。ところが「どうもおかしい、これは孔子の道じゃない」と思うようになって、突如として「道は近きにあり」といい、その道が近きにあるということを最もわかりやすく述べているのは『孟子』であるといって、孔子と孟子を特に重んじるようになったのです。

仁斎は儒学者ですから『論語』と『孟子』だけを教えたわけではありません。『大学』も教えたし『中庸』も教えたし、他の五経も教えています。しかし、いろいろな経験をして晩年になって、討論しているうちに、「孔子が教えようとしていることは簡単なことなのだ」「誰でもできるようなことなのだ」といったわけです。

これは私もそのとおりだと思います。たとえばキリストだって、『新約聖書』を見れば簡単です。ところが、その一方には『神学大全』という、日本では注釈もついて四十五巻になっている本があります。そんなものを誰が読むのだろうかと思うのですが、神学者はそれを生活の糧にしているわけです。

このように、学者という人種はどうしても難しいほうに流れたがる習慣があるのです。それを究めないうちに「簡単であればいい」などといえば軽薄のそしりを免れません。仁斎の偉いところは、朱子学を究め尽くしてから孔子の道を歩いたという点です。すべてを理解した後で「簡単なことなのだ。難しいことをいうのは偽物で、そんなものは必要ない」といったのです。そして、なぜそういえるのかを同学の士と徹底的に議論して最終的に問答形式で著したものが、『童子問』なのです。

◉七十七歳、『童子問』を開講する

七十七歳の年の六月、仁斎は『童子問』をテキストとした講座を開講し、翌年の九月まで講義を続けています。『童子問』とはどういうものかといいますと、塾や研究会などの席で寄せられた儒教・朱子学・孔孟の学についての質問や疑問に仁斎が問答形式で答えていったものです。仁斎は寄せられた質問や疑問をいちいち紙に書き留めておいて、それに回答をしていきました。

稿を起こしたのは仁斎六十五歳の元禄四年（一六九一）頃といわれますから最晩年の仕事ということになりますが、仁斎思想を余すところなく述べた最重要著作といってもいいと思います。仁斎は宝永二年（一七〇五）に七十九歳で亡くなるまで、稿本に繰り返し手を入れました。三冊の本として刊行されたのは他の本と同じく没後のことで、長男の東涯の編集によって世に出ることになったのです。

【Ⅲ】逸話に見る大人・伊藤仁斎の素顔

本章では、足立栗園の著した『伊藤仁斎修養訓』（富田文陽堂、大正四年）を参照に、伊藤仁斎の逸話の中から、日常の中で仁斎が儒学者としてどのように振る舞っていたのかを見てみたいと思います。

◉批判に反論するより先になすべきことがある

最初に取り上げるのは、仁斎が自らを批判する書に対して何も反論をしなかったという話です。大高坂清介（芝山）という人が『適従録』という本を書いて、その中で仁斎を批判しました。弟子がこの本を持ってきて、仁斎に「先生、この反論を書いてください」といったところ、仁斎は笑って何もいわない。そこで弟子はさらに「先生、人が勝手に本を書いて先生を批判しているのに黙っていて反論しないのはいかがなものでございましょうか。先生が答えられないというのなら私に代わって反論させてください」といいました。すると仁斎はようやく口を開いて、こういうのです。

「『論語』でもいうじゃないか。君子は争う所なし、と。もし彼の批判が正しくて私が間違っているならば、彼は自分の益友（役に立つ友だち）ではないか。もし私が正しくて彼が間違っているならば、いつか彼の学問が進んだときに自らその誤りを悟るであろう。弟子たちよ、よろしく深く戒めなさい。学問をするのは要するにただただ心を虚しゅうし、気を平らかにし、自分のためにするのが第一だ。どうして自分が謗られたとして相手を批判し、自分を立てて、いたずらに批評を口にすることがあろうか」

そんな批判に答えている暇があるのなら、もっと自分の勉強に打ち込みなさいといったわけです。

儒学者の太宰春台も仁斎の温厚なることを認めています。春台のいうには「東涯は至りて温厚なる人なり、仁斎もしかなり」と。伊藤家の人は非常に温厚なのです。ただし「仁斎の眊子(ぼうし)（瞳）の明かなること所謂眼光人を射るなり。学問にねりつめて徳をなしたる人と覚ゆ、定めて圭角(けいかく)ありたる人ならめ随分やはらかなる人なれども、極めて英気ある人なり」ともいっています。温厚だけれど、瞳は人を射すくめるような光を放っていて、それがいかにも学問によって徳をなした人のようである、角のある人ではなくて非常に柔らかな人なのだけれども、極めて英気のある人だと、春台は評しています。

仁斎は人と争わなかったということについて、『日本古学派之哲学』（冨山房、明治三十五年初版）を書いた井上哲次郎は、そういう人は西洋にもいたと述べ、その例としてダーウィンとカントを挙げています。確かにダーウィンも人と論争をしませんでした。カントも批判されても反論はほとんど書かなかった人です。そういう例を挙げたのは井上哲次郎しかいませんが、これは面白いと思います。

◉批判合戦の中にあって温和親切な態度を貫く

次の逸話は仁斎の温厚なる姿を伝えるものです。後徳大寺藤公という公家は学問が好きで、時々京都の有名な儒学者を集めて互いに議論をさせて、その学説を聞いていました。ある年、仁斎が壮年の頃に、呼ばれてその席に加わることになりました。そのときに、他の儒者たちはみんな大喜びで自説を披露して議論をしましたが、そのうちに自分の説と相容れない意見が出ると口をとがらせて自説を主張し、決して曲げることなく言い張りました。しかし仁斎だけは一人平然として、始めから終わりまで温和親切な態度が全く崩れない。そのため、一座の人はついに仁斎の説に屈してしまったというわけです。他を批判しない仁斎の人柄がうかがい知れる話です。

◉盗賊にも動じない胆力と盗賊さえも改心させる人間力

第三の逸話は、夜、仁斎が郊外を歩いていたときの出来事です。強盗が四、五人現れて立ちはだかり、剣を抜き「俺たちは酔わなければ楽しくない。しかるに今は酒を買う金がないから金を出せ。金がないならば着物を脱いでよこせ」と脅してきました。

そのとき仁斎は顔色も変えず動揺もせず、平然として「今日はたまたま金がない。破れている上着だが、これを脱いでやろう。ところで君たちは何を職業にしているのか」と聞きました。すると泥棒たちは「夜中に諸国で人のものを掠め奪って世を渡っている。それが職業だ」と答えるのです。それを聞いて仁斎は「うん、それが職業なら私は何も拒むところはない。これもやろう」といってすぐに衣服を全部脱いで彼らにやってさっさと行こうとしました。

すると盗賊どもは仁斎を止めてこう聞きました。「我々はいつも盗みをして生活すること数年になるが、こんなに態度の変わらない人は見たことがない。あなたこそどういう仕事をしているのか」と。仁斎が「儒者をしている」と答えると、盗賊どもは「儒者というのは何をするのか」と聞くから、仁斎はこう答えるのです。

「人の道を以て人を教えるものである。その人の道というのは、親には孝行し、兄弟は仲良くすることで、これは一日も欠かすことのできない道である。もし人であってこの道のない者は、全く鳥獣と同じである」

そのように言い聞かせると、その言葉が終わらないうちに盗賊どもはうなだれて涙を流して「ああ、あなたと我々とは同じく人であるのに、その職業は大変異なっております。恥ずかしいことです。願わくば、どうぞ我々の罪を許してください。我々はこれから灰を飲んで胃を洗って、全く心を入れ替えて、謹んで先生の教えを請いたいと思います」といって、仁斎の弟子になって学問にはげんだというのです。

儒教を学ぶことによって動じることのない心を鍛えていた仁斎は、盗賊さえも心服させたというわけです。

◉大石内蔵助の大きな器を見抜く

第四の逸話は、大石良雄（内蔵助）の話です。大石良雄が京都にいた頃に仁斎の塾に通ったことがあったというのです。大石はちゃんと入門料を払って弟子入りしていますあるとき、仁斎の講義を聴きながら眠ってしまったのです。その様子を見て多くの弟子が笑いをこらえていたのですが、あとになって口汚く「けしからん奴だ。あんな怠け者はなまじ学問はしないほうがいい」と大石の悪口をいいました。すると仁斎は彼らをたしなめて、「みだりに人の悪口をいってはいけない。私の目で見るところ、あの男は世の常の器ではない。必ず能く大事をなしそうな人である」と断言しました。

果たして仁斎の見立てどおり、大石良雄は赤穂四十七士のリーダーになって後世に名を残したというわけです。仁斎の眼力の確かさを伝える逸話です。

◉自らの服を質に入れて子供のために正月の餅を買う

第五の逸話は、仁斎の貧乏話です。仁斎の家はもとは非常な貧乏であって、年の暮れになっても正月の餅を買うことができなかったというのです。しかし、それでも仁斎は平気で意にも介さずにいたところ、妻が跪いてこう訴えたというのです。

「私は家の中で子育てをしていてつらいと思ったことはありません。ただ一つだけ我慢できないのは、子供の源蔵がまだ貧乏がどういうものだかわからず、他の家に餅があるのを羨んでしきりに欲しがって止みません。私は口やかましく叱るのですが、もうこれ以上はつらくてできません」

そういって涙を流しました。すると机に向かって本を読んでいた仁斎は一言も答えず、黙って着ている羽織を脱いで妻に与えたというのです。「質屋に行って金に換えてきなさい、それで餅を買いなさい」ということです。

餅も買えないほど貧乏であったというのですが、仁斎や夫人の生家を考えれば、これはやや嘘くさいように思います。真偽のほどはわかりませんが、いささかオーバーな話に聞こえます。ただ、仁斎という人の態度として、こういう逸話があってもおかしくないというのは確かなようです。

◉お金を恵んでくれたことに詩をつくって礼を述べる

第六の逸話も仁斎の貧乏話です。仁斎が荒川景元という人からお金を恵まれたときに詩をつくってお礼をいったというのです。その詩はこのようなものでした。

討習研磨二十春
恩如父子最相親
受金不謝元非傲
適為君情厚且真

討習研磨す二十の春
恩は父子の如く最も相親しむ
金を受けて謝せず元と傲にあらず
適々（たまたま）君の情の厚くして且つ真なるが為なり

討習研磨したことが二十年で、恩は父と子のように最も相親しい。金をもらってろくに礼もいわないのは自分が傲慢だからではない。たまたまあなたの情けが厚くて真心がこもっているから受け取ったのだ、という詩です。

東涯（源蔵）は、仁斎がこの詩をつくったときにはまだ十五歳にも達していなかったけれども、いまだにそのときのことを覚えているといっています。計算すると、仁斎はその頃五十七、八歳であるけれど、そのときもまだ貧乏であったようです。しかし、これより前には肥後の細川侯から一千石の禄で来てくれといわれ、母の看病のために受けられないと断っているのです。本当に貧乏であったら、これだけの禄を提示されて断る人はあまりいないだろうとは思いますが、果たしてどうなのでしょうか。

ただ、付き合っている人たちは京都の大金持ちの町人階級や文化人でしたから、仁斎の学問を尊敬してお金を寄付する人はあったに違いありません。

◉長屋の井戸浚いに自ら加わる

第七の逸話は、井戸浚いをした話です。長屋のように家続きの家に住んでいると、隣近所の人たちと力を合わせて共同井戸の井戸浚いをしなくてはいけません。井戸を浚うという話を聞いた仁斎は自分も一緒にしようとしたところ、他の人たちが「我々がやりますから、先生はそんなことをなさることはありません」といいました。しかし仁斎は「いや、そういってくださることはありがたいけれど、自分もあなた方と同じようにこの井戸の水を汲んでいるのだから、どうして私だけが加わらないですみましょうか」といって、みんなと一緒に井戸の水替えに取り組んだというのです。

仁斎が周りの人たちに非常に尊敬されていたということと同時に、偉い学者だからといってそれを鼻にかけない仁斎の人柄が伝わってくる話です。

◉世の中の習俗には従うことをよしとする

第八番目の逸話は、節分の日の話です。日本では節分の日に豆をまいて、「福は内、鬼は外」と声をかけます。しかし、これは子供の戯れに似ているようでもありますが、仁斎は必ず節分の日には礼服を着て、豆まきをやったといいます。これは習俗には従ったほうがいいという仁斎の考え方によるものです。

世の中には奇をてらって人を驚かせるようなことをして自分に注目させようとする人もいますが、仁斎は何事につけ人とかけ離れるような行動はとらなかったのです。

◉仏法を否定することと礼を施すこととは違う

第九の逸話は、五、六人の門人を連れて寺院を散歩したときの話です。仁斎が仏像に頭を下げて拝んだのを見て、門人は「先生は常々仏法はだめだとおっしゃっておられます。しかるに今、仏像を拝されるのはどうしたことですか」と尋ねました。すると仁斎はこう答えました。「仏法はまことに儒教とは違う。しかし寺の前を通ったら寺の主人に礼をするのは当たり前じゃないか。私が仏を拝したのは、ただそうした礼を施したものなのだ」と。仏法を否定はするけれど、かといってそれにつらなるすべてを軽蔑するようなことはしない。人間の道として礼を欠かすようなことはしないというのが仁斎の考え方であったわけです。

◉天皇に献上され、朝鮮にまで伝わった「浮屠道香師を送るの序」

第十の逸話は、仁斎が「浮屠(ふと)道香師を送るの序」をつくったときの話です。先にも述べたように、この序は大いに評判になりました。元禄の中頃には天皇のお耳にも届いて、お求めになられたことから、仁斎はこれを藤原貞維（さだこれ）を通して献上しました。これは当時、大いなる誉れとするべきことでした。

この序はどういうものかというと、豊前中津の浮屠（仏僧）道香という僧が京都にやってきて、故郷に帰るというときに送ったもので、そこに仁斎は次のように書きました。

「人より之を観れば固より儒あり仏あり。天地より之を観れば本（も）と儒なく仏なし。吾が道（みち）師道（しどう）豈に二つあらんや」

これに対して儒仏を混同しているのではないかと疑う人もいました。それに対して仁斎は「釈迦と雖も今日の天地を離れて独立すること能わず。則ち自ら儒道の離れべからざるを見る」と返答をしました。お釈迦さんだってこの天地から離れるわけではない。ならば、この天地にいる限りは儒道から離れるわけにいかないじゃないか、と答えたのです。これが当時、非常に評判になってあちこちに広まったというのです。

この序を今度は対馬の大塔貞安斎という医者が朝鮮に伝えました。すると朝鮮の役人が「こんなことは古人もいわなかった。とても素晴らしい。日本にこんな文章があるなんて知らなかった」と感嘆して、国に持ち帰ったというのです。

◉釈迦が生きていたら手を打って喜ぶほどの文章と見識

第十一の逸話は、前の話の続きになります。朝鮮人が仁斎の序を見て、「シナにおいて文章家として知られている人でも、決してこれ以上の表現はできないだろう。特に儒と仏を論じている点が最もよく的を射ている。もし地下の釈迦がこれを読んだならば、手を打って『善い哉、善い哉』と仁斎の文章を褒めたであろう」といったというのです。仁斎の文章修行について先にふれましたが、仁斎の文章および見識はそれほどまでにハイレベルであったということなのです。

◉『孟子』梁恵王一篇だけで天下を治めることができる

第十二の逸話は、仁斎が諸葛孔明を批評したときの話です。仁斎は孔明について「彼は覇者の家来であって、天子を補佐するほどの才能はないだろう」といいました。

それを聞いたある人が仁斎に、「それならばあなたがもし蜀において諸葛孔明の立場にあったならば、孔明ほどの手柄を立てることができるでしょうか」と聞きました。

この問いに対して仁斎は「人にはそれぞれできるものがある。私は孔明になることはできないけれど、孔明もまた私にはなれない。しかし、いにしえの宰相で『論語』の半分を以て天下を治めた者がいるというから、私は『孟子』の梁恵王一篇を以て天下を治めることができるのではないかと思うのだ」といったというのです。

この「いにしえの宰相」以下の部分は、先にもお話ししたように、宋をつくった太祖（趙匡胤）と太宗（趙匡義）の兄弟を助けた趙普という宰相が『論語』の半分を以て兄の太祖を助け、あとの半分を以て弟の太宗を助けたといったことを踏まえて、仁斎が自らの政治への自信を示した言葉です。同時に、仁斎がそれほど『孟子』を重んじていたという証拠でもあります。

◉徂徠の一番弟子も認めた仁斎の人格の素晴らしさ

第十三の逸話は、太宰春台が仁斎を批評したときの話です。太宰春台は荻生徂徠の最高の弟子です。徂徠は仁斎を敵視していましたから、春台も仁斎を批判的に見ていたかというとそうではなく、非常に冷静に二人の違いを述べています。

　太宰春台はこういっています。「伊藤仁斎は人を教えるときに君子として教えた。徂徠先生は豪傑ぶって教えた。これが二人の違いです」と。ではどちらがいいのかというと「かの後漢の馬援将軍がその甥に手紙を送って諭したのと同じで、君子として振る舞うに越したことはない」と春台はいいます。

　また、こうもいっています。「徂徠先生は豪傑の士である。しかし仁斎に遅れて出ている。どちらも古学を唱えたのだから、徂徠先生の学問は仁斎にもとづいてはいないといっても、仁斎を以て始めとしなければならないでしょう」と。春台は徂徠の一番の弟子でありながら、深く仁斎に心服していたのです。

　ところで、春台の批評にあった馬援が甥に手紙を送って諭したというのは、次のような話です。馬援は軍を率いて遠征に出ているときに二人の甥が軽薄な輩と交わって悪さを働いているのを聞き、手紙を書いて戒めたのです。ちなみにいうと、その手紙の内容はこのようなものでした。

「お前たちはよく人の長短を議論し正法の是非を論じているようだが、そういうことは慎まなければいけない。昔、龍伯高という人がいたが、この人は親切で慎み深く、無駄なおしゃべりをせず、倹約節制をして公平廉直であり威があった。私はこの人を愛し尊重している。お前たちもこの人に倣うことを願っている。

また、もう一人、杜季良という人は豪侠で義を好み、人の憂いを憂え、人の楽しみを楽しみ、清濁併せて失わず、父の葬式には数群の弔問客が集まった。私はこの人も愛し尊重している。しかし、お前たちはこの人の真似をしてはいけない。

伯高の真似をしたら少なくとも謹勅の士になれる。これはあたかも鵬を彫刻したら鵞鳥ができあがったようなものだ。しかし、季良の真似をして失敗をしたらただの軽薄な人になる恐れがある。それは虎を描いたら犬になったようなものである」

季良のような豪傑を目指すよりも、伯高のような君子を目指すべきであると馬援は甥たちに説いているのです。春台がいったのも同じことで、真似をするのならば徂徠よりも仁斎のほうがふさわしいといっているわけです。

付け加えておくと、太宰春台が仁斎と徂徠の学風の違いは馬援がいった伯高と季良との相違のようなものだと述べたことに対して、広瀬淡窓は「古学をなすものが浮華放蕩に流れるのは、みな徂徠末流の弊害である。仁斎・東涯の徳行の如くは程朱（程子と朱子）に比べても恥ずかしいものではない」といっています。

◉志を立てたなら一流を目指さなくてはならない

十四番目の逸話は、仁斎が弟子たちを戒めていっていた言葉です。仁斎は常々こういっていたというのです。

「志を立てたらば須（すべか）らく第一等の人となることを期して努力しなければならない。飾り利巧であって寝ることもせず、過ぎ去ったことばかりを思って前途を考えず、ぐずぐずとして何もしなければ、決して目的を達成することはできないぞ」

これは古今を問わず当てはまる激励の言葉といっていいでしょう。

◉特別なことをせず世の流れに沿うことが大切

十五番目の逸話は、仁斎が好んで話していたことです。かつてシナの偉い学者であり政治家でもあった司馬温公が古い儒者の服をつくって、知人の邵（しょう）康節に「先生はこういう服を着られませんか」といったところ、邵康節は「私は今の人ですから、今の服を着たらそれでよろしゅうございます」といいました。

これを聞いた司馬温公は邵康節の道に適える言葉に感嘆したというのですが、仁斎は常にこの話を談話の材料にして、世の中で奇を好む者を戒めたということです。要するに「奇をてらう必要はない。世の中の流れに沿っておればそれでいいのだ」というのが仁斎の生活態度であったのです。

『伊藤仁斎修養訓』の中には以上のような仁斎の逸話が紹介されていますが、この他にも仁斎は大納言の風格があったといわれ、京都の町中を歩いていたら京都所司代がその姿を見て馬から下りて敬礼したという話も伝わっています。ここまでくれば儒者として本物といっていいでしょう。

伊藤仁斎については、名前こそ知られていますが、どういう学問をした人なのか、どういう人柄の人だったのかについて広く知られているとはいいがたいでしょう。その主著である『童子問』（岩波文庫）も入手できない状態です。そのため本稿では、『童子問』の解説にとどまらず、仁斎の人となりについても伝えることをテーマとし、幅広く仁斎という人物に迫りました。先に述べたように、仁斎の現実に軸足を置いたものの考え方というのは、現在、まさに求められているものであろうと思います。今こそ光を当てるべき人物であるといっていいのです。そういう意味で、一人でも多くの方が、この本をきっかけに伊藤仁斎に興味を抱かれることを切望する次第です。

あとがき

憶い出してみると、私は伊藤仁斎よりも、その長男の東涯についてのエピソードの方を早く知ったようです。子供の頃に読んだ講談社の雑誌かその附録に、紀州の殿様の前で講義することになった時の東涯の話があったからです（二〇九ページ参照）。

東涯は殿様の前に座って口を開こうとしません。「臆したのか」と心配した家老か誰かが「臆せずに講義を始めなさい」と言ったら、東涯はこう答えます。

「殿様にはまだ御準備ができておられないように思われます。聖人の書の話を聞くのにまだ褥に座しておられます」

それを聞いた紀州侯も偉いもので、褥を取り去られた。そうしたら東涯は音吐朗々と講義を進めたと言う。

子供の頃、私は「褥」という雅語を知らなかった。「しとね」と仮名が振ってあったのを誤読して「しゅうと」とカン違いしたのである。そして東涯は「しゅうと（舅）は引っ込んでいなさい」と言ったのだと思い込んで、東涯は変な人だと思い、その話を感心して載せる雑誌もおかしいとちょっと憤慨したのであった。そうしたら五歳年上の姉が「〝しとね〟というのは座布団のことだよ」と教えてくれたので納得したのであった――たわいもない幼年時の思い出です。

仁斎については、大学で「日本漢文史」の授業があり、飯田香浦先生に教えていただいた。そして何となく好感の持てる学者だという印象を与えられました。その後、自分が学校で教えるようになってから、たまたま余暇に読んだ足立栗園編述の『伊藤仁斎修養訓』（二三〇ページ以下参照）で、仁斎には五人の男の子がいて、すべて立派な学者となっていることを知ってびっくりしたのです。

その頃は私にも三人の子がいて、子供をまともに育てることがいかに難しいことであるかを実感していたからでしょう。私の知っていた立派な人の子供にも、すぐれた学問のある同僚の子供にも、親にふさわしくない人間に育っている例を少なからず見たからです。不良とか不肖とか言われる子供が出来る責任は必ずしも親にあると限らないでしょう。しかし立派な子供の親はどこか日常の生活態度に立派なところがあったのだろうとは言えるのではないでしょうか。

こんな通俗的なことが、私を仁斎に惹きつけたのです。よく考えてみれば、仁斎の学問の本質は、通俗のことの中に人道があるのであって、どこか高いところに「道」や「仁」があるのではないことを徹底的に説いたことです。孔子も「仁遠カランヤ」と言い、仁斎と孔子の本当の解釈者だとする孟子も「道ハ近キニ在リ」と言っています。これを吉田松陰も「此ノ語天下ノ至論ナリ」とたたえているのです。

人間学はその意味で通俗の中に道を求めることでしょう。私自身、今まで人生の役に立つ教えは、通俗的といわれる書物の中に発見してきたと思う。伊藤仁斎は〝古学〟と呼ばれる儒学の大家である。しかし説くところは通俗です。私も本書を通俗的に読んで楽しめるものにしたいと考えました。その中から、仁斎の説いた儒学の真髄に触れていただけたら幸いです。

本書が出来たのは、藤尾社長の企画に負うものであり、その実現に努力された柳澤副社長、口述原稿を見事に整理して下さった小森俊司氏の努力に深く感謝しております。

平成二十七年十二月上旬

渡部昇一

【参考文献】

『日本人の論語「童子問」を読む』上下（谷沢永一著・ＰＨＰ新書）
『日本古典文学大系97　近世思想家文集』「童子問」（清水茂校注・岩波書店）
『人物叢書　伊藤仁斎』（石田一良著・吉川弘文館）
『日本古学派之哲学』（井上哲次郎・冨山房）
『伊藤仁斎修養訓』（足立栗園編述・文陽堂）
『論語』（金谷治訳注・岩波文庫）
『孟子』（小林勝人訳注・岩波文庫）

〈著者略歴〉

渡部昇一（わたなべ・しょういち）
昭和5年山形県生まれ。30年上智大学文学部大学院修士課程修了。ドイツ・ミュンスター大学、イギリス・オックスフォード大学留学。Dr.phil.,Dr.phil.h.c. 平成13年から上智大学名誉教授。幅広い評論活動を展開する。著書は専門書のほかに『四書五経一日一言』『渋沢栄一人生百訓』『「名将言行録」を読む』『論語活学』『歴史に学ぶリーダーの研究』『「修養」のすすめ』『中村天風に学ぶ成功哲学』『松下幸之助成功の秘伝75』『賢人は人生を教えてくれる』『日本興国論』『自立国家への道』『日本興国への道』、共著に『上に立つ者の心得——「貞観政要」に学ぶ』『子々孫々に語り継ぎたい日本の歴史1・2』『生き方の流儀』『国家の実力』（いずれも致知出版社）などがある。
公式ファンクラブに「昇一塾」。http://www.shoichi-juku.com/

伊藤仁斎「童子問」に学ぶ

平成二十七年十二月二十五日第一刷発行

著者　渡部　昇一
発行者　藤尾　秀昭
発行所　致知出版社
〒150-0001 東京都渋谷区神宮前四の二十四の九
TEL（〇三）三七九六—二一一一
印刷　㈱ディグ　製本　難波製本

ISBN978-4-8009-1098-1 C0095
ホームページ　http://www.chichi.co.jp
Eメール　books@chichi.co.jp

いつの時代にも、仕事にも人生にも真剣に取り組んでいる人はいる。

そういう人たちの心の糧になる雑誌を創ろう――

『致知』の創刊理念です。

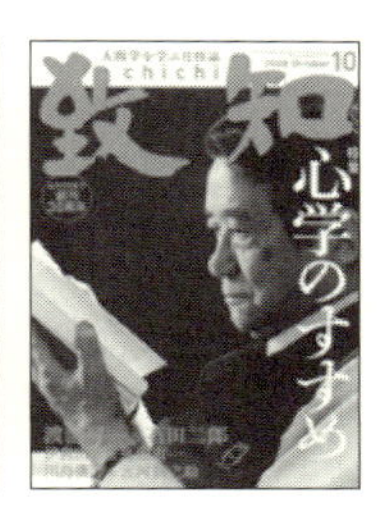

私たちも推薦します

稲盛和夫氏　京セラ名誉会長
我が国に有力な経営誌は数々ありますが、その中でも人の心に焦点をあてた編集方針を貫いておられる『致知』は際だっています。

鍵山秀三郎氏　イエローハット創業者
ひたすら美点凝視と真人発掘という高い志を貫いてきた『致知』に、心から声援を送ります。

中條高德氏　アサヒビール名誉顧問
『致知』の読者は一種のプライドを持っている。これは創刊以来、創る人も読む人も汗を流して営々と築いてきたものである。

渡部昇一氏　上智大学名誉教授
修養によって自分を磨き、自分を高めることが尊いことだ、また大切なことなのだ、という立場を守り、その考え方を広めようとする『致知』に心からなる敬意を捧げます。

武田双雲氏　書道家
『致知』の好きなところは、まず、オンリーワンなところです。編集方針が一貫していて、本当に日本をよくしようと思っている本気度が伝わってくる。"人間"を感じる雑誌。

致知出版社の人間力メルマガ（無料）　人間力メルマガ　で　検索
あなたをやる気にする言葉や、感動のエピソードが毎日届きます。